JN022490

時岡晴美・大久保智生・岡田　涼　編著

地域・学校 の協働が醸成する
「まちづくりマインド」
多様化する現代社会における〈ソフトのまちづくり〉の展望

加藤弘通

川田　学

志村結美

寺尾　徹

平井美佳

三宅岳史

室井研二

福村出版

まえがき

　近年は「まちづくり」に関心が高まっており、各地で多様な「まちづくり活動」が展開されている。例えば、まちの環境を守り整備する取り組みとして、道路や公園の改善などの物的な環境整備に住民が参加することや、地域における防災マップの製作などがよく知られている。地域ニュースとしてマスメディアでも頻繁に取り上げられるため、身近に感じられるのではないだろうか。また、地域の産業振興や活性化といった抽象的な意味に用いられたり、「地球にやさしいまちづくり」といったスローガンとして使われたりする。このように「まちづくり」という語は多彩な内容を含んでおり、実践の場でも多様に用いられているが、実は学術用語として確立しているわけではない。対象とする地域の範囲も多様で、都市圏のグランドデザインといった広大なものから日常生活圏を扱うものまである。

　実際の活動場面では、代表者や専門家が采配を振るっておこなう事業等は稀で、ほとんどの場合は地域住民がボランティアで進めている。行政の発案で起動する取り組みもあるが、実際に活動するのは住民である。多くは課題と格闘し、課題解決の具体的なアイデアを出し合いながら、場合によっては関係機関や専門家の支援を得ながら取り組んでいる。すなわち、参加したメンバーが一緒に活動していくプロジェクト活動であり、それが継続することで地域が改善されていくのである。こうした実態を鑑みると、まちづくりとは「まちや地域が『こうあったらいいな』と共感する将来像に向かう主体的な取り組みや活動の総体」と捉えることができよう。

　例えば、第4章で取り上げる地域学校協働活動では、地域と学校が協働することで生徒の居場所や高齢者が活躍する拠点となることが示されている。実際に活動した人や関係者も、それが「まちづくり活動」と認識していないケースも多いが、協働活動によって地域の高齢者や子どもたちの関係を構築あるいは再構築し、それぞれをエンパワーメントしていく。その拠点として学校があり、

空間としての学校が中核に位置づけられている。学校が地域に開かれ、まちとつながり、人々がその地域で暮らす「居場所づくり」となっているのである。こうした実績をさらに発展させようと、文部科学省は2022（令和4）年度までに全公立学校のコミュニティ・スクール設置をめざして地域学校協働活動との一体的推進を掲げ、協働活動の目標に地域の課題解決を加えてまちづくり活動への展開を期待している。とはいえ、活動しているボランティア、教師や生徒も「まちづくり」と言われて戸惑っているようにもみえる。「まちづくり活動」は少々敷居が高いのか、「具体的に何をしたらいいの？」と問われることもある。祭りや地域行事への参画、安全マップの作成や通学路の整備など、すでに協働活動の一環として取り組まれているが、これらはほとんど「まちづくり活動」と認識されていない。しかしながら、今まさに取り組んでいるこうした活動を継続することが「まちづくり」として重要なのである。

　本書では、このように「まちづくり」を謳っていないが、実際の活動は「まちづくり」となる活動をクローズアップする。特に、公園や施設の整備といったハードの面ではなく、地域をより良くしたいとの思いで取り組む社会的な活動、いわばソフト面のまちづくりを取り上げる。ハード面は成果が一目瞭然で、その取り組みによって変化したことが実感できるが、社会的な活動では目的が抽象的で成果もみえにくい。しかし、少子高齢化や生活の個人化がますます進展する現代社会にあっては、こうした社会的な活動が重要視されており、実践事例について成果や課題を示す必要があるといえる。今後の活動を継続するための、あるいは新たな活動を始めるための一助となるのではないだろうか。加えて、背景にある現代社会のライフスタイルの特徴を提示して、さらなる可能性を探りたい。これによって「まちづくりマインド」の醸成に資するのではないかと考えられる。

　筆者は家庭経営学を出発点として、生活時間研究や家族の生活実態調査に取り組んできた。1992（平成4）年に建築学、都市計画に出会って京老舗の実態調査をおこない、これを契機として町並み保存や「まちづくり」に関心を寄せてきた。また、2008（平成20）年からは学校支援地域活動の調査研究と実践協

力に携わり、地域と学校の協働について考察している。これまでどちらかといえば活動の現場における実態調査から活動の効果や課題を検討してきたが、そうした活動を「まちづくり」の観点から捉え直して、新たにその意義を総論的に示したい、というのが本書の原点である。

　そこで本書の構成として、まず序章では「まちづくり」の意義とその課題を整理する。第1部では、なぜ今「まちづくり」が注目されるのか、どういう人が担っているのか、かかわった人たちは何を思うのか、これから参画する可能性があるのはどのような人々なのか、これまでの実践や調査研究から得られた知見を紹介する。また、そうした背景として見え隠れするライフスタイルの特徴を提示する。すなわち、「まちづくり」が注目される背景として、第1章ではライフコースの変化がもたらす意識変容から地域への関心が高まっていることを示し、第2章では現代のライフスタイルの変容を住まい方や生活時間構造の変化から捉えて社会参加の意味や活動が変化したことを示し、第3章では地域に視点を移して、地域の教育力が「まちづくりマインド」を醸成する例を示す。これらを受けて、第4章は具体的な実践事例として子ども・高齢者が参画する地域学校協働活動を、第5章では伝統的地場産業地域における活動展開とその成果を提示して、個々の活動成果は特筆されるものでなかったとしてもそれらがネットワークとなり全体として「まちづくり」となることを提示する。第6章では、今後の展望を述べるとともに持続する活動のためのキーワードを挙げる。

　これらの知見を受けて第2部では、分野横断型のアプローチとして多面的な観点からの論考を掲載している。筆者と様々なかたちでご縁があった諸氏であるが、まさに多様な専門の方々に参加していただくことができた。今回はじめて「まちづくり」を論じたという方もあり、それぞれに斬新な視点を持って鋭敏な論考が展開されている。なお、第2部の各論考はそれぞれに学術的背景があり、各分野において専門用語として確定しているものがある。これらが混在することでわかりづらい部分があるかもしれないが、著者の意図を汲み取っていただくことで総論として示せたのではないかと考えている。

本書が「まちづくり」にかかわる諸活動に参画している方々のエンパワーメントとなり、「まちづくりマインド」醸成の一助となれば幸いである。

2022 年 2 月吉日

時岡晴美

目次

序 章
まちづくりが求められている！

時岡晴美

1. 現代社会における居場所づくり、まちづくり

　昨今は全国で多様な「まちづくり」活動が展開されており、「まちづくり」という用語も多様に使われている。しかし、学術用語として確立しているわけではない。共通しているのは、代表者や専門家が采配を振るっておこなう事業等ではなく、参加したメンバーが一緒に活動していくプロジェクト活動であること、それが継続することでまちや地域が改善されていくということである。その起源を辿ると、産業革命期のイギリスに先駆者の一人であるオーエンは、「人格は環境によって形成される」との信念に基づき、公園や集合住宅などの施設の建設を主とする「ハード」と、社会経済的な取り組みや活動を意味する「ソフト」が結合した「まちづくり」を実践した（オーエン，1986）。すなわち、工場労働者のための住宅を建設し、従業員の健康づくりを支援し、教育の機会を保障したほか、生活協同組合や幼稚園の原型をつくっている。

　かつては著名な都市計画家や建築家、あるいは実業家や政治家が「まちづくり」の主役となってきた。例えば、20世紀初頭の田園都市論では、都市計画家ハワードが提起した都市と自然環境が共生する田園都市構想が実現され（ハワード，1968）、日本の都市開発では、実業家である小林一三が鉄道駅に百貨店の設置を発案し、さらに郊外住宅地の開発を手がけて、その後これらが開発モデルとなった。しかし、現代は生活者優先の社会であり、「まちづくり」も住民自身が主役となることが求められている。生活者主体の都市計画を提起した三村は「市民は、自ら居住する地域の状態を診断し、批判し、課題を自覚し、

共有できる将来空間像を構想し、実現のためのルールと協力関係を築く主体である」という（三村，1997）。こうした実態から、まちづくりとは、「まちや地域が『こうあったらいいな』と共感する将来像に向かう主体的な取り組みや活動の総体」と捉えることができる。

　対象とする地域は、都市圏のグランドデザインといったマクロなものから、日常生活圏を扱うミクロなものまである。中村はまちづくり活動の基本単位であるコミュニティを決める二つのベクトルとして、①空間の認知度、②地域課題の解決力を挙げている（中村，2012）。まずは住民自身が「自分たちのまち」と自覚できるかが重要であり小さな範囲がよいが、逆にコミュニティが大きいほど強い力を発揮できるという面があり、こうした逆方向の二つのベクトルの調和点が望ましいとして、現実的には小学校区を活動の基本単位とすることを提示している。

　実際の活動場面では、代表者や専門家が采配を振るっておこなう事業などは近年では稀で、ほとんどの場合は地域住民がボランティアとして協力しながら進めている。行政の発案で起動する取り組みもあるが、活動の主体はあくまでも地域住民であり、改善の方向や将来像も彼らが描くものであって、いわゆる専門家が提示するといったものではない。特別に専門知識が必要となった場合や対応が難しい課題が生じたときなどに関係機関や専門家の支援を得ることもあるが、それは活動を円滑に進めるためのアドバイスであって、指示された内容を実践したからといって理想とする将来像に近づくとはかぎらない。まちや地域の将来像は住民主体でこそ描けるものであり、どのような状態を望ましい理想像とするのか、その詳細は専門家が理解できないこともある。とはいえ、多くの住民にとって「まちづくり」の経験や知識は乏しく、必要となる専門的知識、例えば不動産、環境問題、都市計画などの知識や情報を有するのは稀である。また、活動のための資金も不足しているため、自治体やボランティア組織が支援し、ときには専門家が協力するという取り組みが盛んになったといえる。しかし、自治体や専門家が提案する将来像に対して住民全員が賛成するとはかぎらない。活動の経過で大変な回り道をして解決に至ることもあれば、回

り道をして実現できた到達点が以前に専門家が提案した内容と同じということもある。そうであったとしても、活動としてはその過程が必要とされたのであり、時間をかけたプロセスの中ではじめて合意が得られていく場合もある。

すなわち、「まちづくり」はまちや地域を自分たちの居場所として、自らより良くしていく作業なのである。住民やコミュニティは、より良い生活空間を自ら追求する権利を有しているのであって、その権利の具体化が円滑に進むように、社会が支援し基礎的な条件を整えるものである。従来も、例えば自治会や町内会で、消防団や青年会で地域のための活動がおこなわれてきた。しかし、「まちづくり」というプロジェクト活動は、地区振り分けによる組織や代表者集団だけでは機能しないところがある。

例えば、本書の第4章・第5章で取り上げた事例では、地域と学校が協働することで生徒の居場所や高齢者が活躍する拠点となることや、伝統的地場産業地域における多様な取り組みが実践されて地域が変わっていく経過が示されている。これらでは、自発的に取り組みを立ち上げ、自主的に参画する人たちが集まって、地域や学校や子どもたちのためにボランティアで活動している。実際に取り組んだ人々や関係者も、それが「まちづくり活動」と認識していないケースが多い。しかし、そうした活動が地域の人間関係、高齢者や子どもたちの関係を構築あるいは再構築し、それぞれをエンパワーメントしていく。そうした活動が「まちづくり」となっているのである。

2. 住民主体のまちづくり

かつて「まちづくり」は、行政主導で専門家によって進められてきた。近所に公園が整備されたり、病院や高齢者福祉施設がつくられたり、文化会館や劇場が建設されたりなど、住民からの要望を受けて実現することもあるが、極端な例では住民が知らないうちにできたケースもある。「地場産業の振興」「安全・安心のまちづくり」などのスローガンは、具体的には何をするのか示されていないものもある。このような住民不在で進めるものではなく、住民主体の

まちづくりが求められるようになった。とはいえ、現代の私たちの生活は、法律・制度・政策の規定のもとで成立しているため、実際には、行政や専門家の関与なくしては実現できないものもある。また、町内会活動や自治会活動、消防団や青年会など住民が取り組んできた従来の活動もある。しかし近年では、地域で生活する住民自身が主役となって、自分たちの地域を、自分たちがより暮らしやすい状況へと変えていく、そうした取り組みが求められているのである。

「まちづくり」という表現が各方面に広がったのは1950年代後半からと指摘される（石原・西村，2010）。戦後の混乱が尾を引く窮乏生活の中で、都市開発事業の推進が注目されたのである。当時は、地域全体を考える余裕はなく、中央に対する地方の動きに着目して中央の視点で論じるというものであった。その後の急激な大都市への人口集中と、産業基盤の整備を優先する高度経済成長政策の中で、生活環境が脅かされる事態が生じることとなる。1960年代には、こうした環境の変化に対する異議申し立ての運動が大都市から農村部まで多方面に広がり、高度経済成長を批判する告発型の市民運動が各地で起こった。

1970年代から1980年代前半にかけて、身近な生活環境の保全問題から出発した「まちづくり」は、日照権や緑化、歴史的環境の保全、防災など各地に共通した課題を深めることを通して、より普遍的な都市・地域の問題に対する解決方法を示すことに向かい、そのことが都市の画一化を克服する有力な施策であると考えられるようになっていったのである。すなわち、1970年代、高度経済成長における乱開発が進行し、まちや地域が荒らされて破壊されかねない状況が全国でみられるようになった。このことが、住民にとっての住環境整備や町並み景観の保存などの意識を高めることになり、地区ごとのまちづくりのニーズが高まっていった（三村・北条・安藤，1978）。1980（昭和55）年には地区計画制度が創設され、地域に「まちづくり協議会」が発足するなど、住民主体のまちづくりが進められるようになってきた。1980年代、バブル経済の時代にあっては、まちなかに高層マンション建設が激増したことを契機に住民が結束し、建設反対運動を進める中で定期的に学習会を開催し、これを中核と

して住民によるまちづくり組織を立ち上げた例は全国にみられた。道路整備に関しても、行政が道路拡張を提案したことを契機に住民が検討会を立ち上げ、住環境が悪化するとの反対運動を展開した例も多い。すなわち、外部からの具体的な働きかけによってまちの課題が明らかに示されたことで、これに対応して行動するというかたちである。

このように、当時のまちづくり運動は告発型・批判型の市民運動を起源としたため、行政と住民の間には少なからず溝があったが、1990年代には「協働の時代」といわれるようになってきた。1991（平成3）年のバブル経済崩壊によって地域再生が新しい時代のまちづくりの旗印となる。さらに1995（平成7）年の阪神・淡路大震災後の復興過程を、行政だけではなく地域コミュニティにおける人のつながりや全国から参加したボランティアの力で成し得たことは、一つの転換期となったとみることができる。2000年前後には都市計画法改正など制度的な対応が進み、住民の主体的まちづくりを支援する体制が整えられていく（石塚，2004）。住民の視点に立てば、まちづくりの取り組みは異議申し立ての活動から、参加、協働、市民自治へと展開してきたといえよう。まちづくりはいわば終わりのない持続的なプロセスであり、一挙に決着をつけるのでなく徐々に改善するという取り組みが重要である。全体はバラバラであっても、小さな動きが少しずつ積み重なり相互に共振して流れをつくることになる。他方で、行政の力だけでは解決できない複雑かつ多様な地域課題に、住民自らが向き合う力を育てていくことも重要といえよう。まさに、地域住民が主体となるまちづくりである。

住民は、より良い生活空間を自ら追求する権利を有している。とはいえ、自らまちの状態をしっかり把握して、評価し課題を抽出し、共有できる将来像を構築して実現することは難しい。また、こうしたまちづくりのプロセスには大きなエネルギーを必要とする。これまでは、開発の圧力に対する住環境の保全として、ある意味わかりやすい目標や将来像を描くことができた。しかし、人口減少社会にあって開発の圧力は弱まり、多様な価値観やライフスタイルが共存する中で、住民が共感できる地域の将来像を描くのは難題である。自ら地域

の将来像を描くことは、何らかの契機や実際の経験がなければ難しい作業である。そこで、まずは居住している地域に関心を持つこと、地域の実像を知ること、そして課題に気づくことが不可欠であり、主体的な取り組みが必要となる。

実際には困難な面が多く、地域の人間関係や利害関係等が複雑で希薄化しているなど、組織づくりの動機づけが難しく、まちづくりに必要となる専門的な知識や情報も不足している。そのような中でも、近年では「まちづくり」という用語が一般に認知されるようになり、防災対策のワークショップや、地域の将来像を話し合う場面も各所でみられるようになった。さらに、「まちづくり」と謳っていないが活動内容は「まちづくり」という実践も多く、住民主体による取り組みも増えているのである。

3. 少子高齢化社会のまちづくり

まちづくりの取り組みには、それぞれにこれまで培ってきた活動内容、人間関係や組織体制があり、それによって継続してきたといえる。しかし、活発な取り組みであるほど、また、しっかりした人間関係・組織が形成されているほど、担当者の高齢化や参加する子ども数の減少に対して柔軟な対応が難しくなる面がある。少子高齢化の進展や地域コミュニティの弱体化、これからの人口減少時代を見据えて、従来の多様な活動の連携や統合を図る必要があるのではないだろうか。まずは、まちづくり活動として緩やかな統合を図ることで、従来にはなかった連携や活動の発展が望めるのではないだろうか。

人口減少時代のまちづくりのあり方として、住民主体の取り組みを支援していくことが求められる。すなわち、地域に存在する資源を活用し、資源の関係性を紡いでいくことが重要であり、そこに生じる小さな変化を自律的に重ねることで徐々に変化が顕在化してくるのである。そのためには、地域特性を読み解く力が必要であるとともに、多様な主体の連携によるまちづくりのシステムづくり、環境や社会・人と人との共生を指向したまちづくりが重要となろう。

生活の質的向上への指向が高まれば、ニーズの多様化や個別化は進行する。

しかし、公的対応には限界があり、財政状況の悪化が拍車をかける。社会問題の複雑化・高度化によって、自助の限界もみえてくる。他方で、市民社会が成熟化する中で、地域力あるいは市民力に一層の期待が高まる。活動の主体となって取り組むことで、従来の共同体とは異なる共助のあり方が提起されるのではないだろうか。

子どもの生育環境に注目すれば、その変化は地域変容の背景としても見逃せない（佐藤，2002）。かつては子どもの発達に伴って生活圏は自宅を中心とする同心円状に拡大するとみられていたが、大人のライフスタイルの変化によってそうした同心円状の拡大は少なくなり、1990年代にはすでに農村部においても子どもの生活圏が点となったことが指摘されている（時岡・上玉，1994）。例えば、小学生になると下校時に親が自家用車で迎えて塾に連れて行かれ、塾帰りにも自家用車でスーパーマーケットに立ち寄ってから帰宅すると日没の時刻となる。地域の公園や広場で友だちと遊んだり、近所の住民と一緒に過ごしたりする機会はほとんど持てない。また、地域の耕作地や河川への立ち入りを学校が禁止しているケースも多い。こうした状況では、地域に関心を持つことは難しいだろう。子ども期に、居住地域や地域コミュニティに関心を持つ機会があることは個人の発達過程としても重要であるため、子どもの生育環境に意図的に用意する必要があるのではないか。

これまで子どもの居場所づくりの観点から、学校を拠点として地域の諸団体と連携しながら学校中心の活動がおこなわれてきた。地域住民にとっても地域文化継承や生涯学習成果発表の機会と位置づけられて推進されてきた。しかし、活動はそれぞれ単独でおこなわれることが多く、実施主体は異なるものの同じ人たちが参加しているというケースも多かった。地域の参加者の多くは高齢者で、子どもたちと接する貴重な機会であり、子どもたちにとっても高齢者と接する貴重な機会である。しかし、学校の施設内に限定すれば、活動に多くの制限が加わることになり、教職員の負担増といった課題も生じるため、学校や教職員にとっても対策が必要となる（時岡，2018）。公民館やコミュニティセンターによる活動が充実している地域もあることから、これらを学校における地

域の活動としてうまく統合する必要もあるだろう。少子高齢化が進みコミュニティが弱体化していく中で、子どもと高齢者が一緒に活動してエンパワーメントする機会を設けることは、少子高齢化社会のまちづくりの第一歩となるのではないだろうか。

4. 潜在化してきた地域の教育力

　現代の地域社会は、従来からのコミュニティに外部からの流入人口が加わって形成されている。人口移動が活発な現代において居住地の移動は頻繁であり、エリアに居住することで自動的に所属するが、そのコミュニティの一員になることと同義ではなくなっている。例えば、地域の行事に参加することは、かつて共同体の一員としての証しであったが、現代は個人の決定に任されている。地域に居住していながら、他の地域住民と関係を持たなくても生活できる。日常生活の中で地域社会は空気のような存在であって、災害などによってあらためて必要性を実感するということもある。

　「地域に子どもを叱る大人がいなくなった」「地域が子どもに無関心になった」との指摘も頻繁に聞かれるが、個人化が進む現代社会の様相を反映した結果でもある。個人のプライバシーを尊重するあまり、直接的な関係がある人間以外とはかかわらないようにするという風潮もみられる。都市化の進展に伴って人間関係や共同体のあり方が変容するのは当然で、その結果として地域に目を向けなくなるということもあるだろう。こうした変容を捉えて、地域に「いたずらした子どもを叱るおじいさん」や「子どものしつけを助けるおばさん」がいなくなり、昭和の中頃までは確実に存在していた地域の力が衰弱したというのである。文部科学省政策評価基本計画（平成14〜16年度）では、施策目標を「地域教育力の活性化」としており、平成17年度文部科学白書「第1部　教育改革と地域・家庭の教育力の向上」では、「地域の教育力の再生」という表現が用いられ、いまや地域の教育力はまさに国を挙げて再生に取り組む状況になったと捉えられている。

実際に、地域・隣近所とのつきあいが希薄化する傾向が指摘されている（内閣府　社会意識に関する調査, 1975 ～ 2020；国民生活選好度調査, 1996 ～ 2012）。町内会・自治会への参加の程度も減少傾向がみられ、地域コミュニティが希薄化している状況が推測できる。大都市よりも比較的つきあいの程度が高いと思われる「町村」や「自営業者」においても低下しており、2004（平成16）年の「町村」は1975（昭和50）年の「大都市」と同程度になった。すなわち、全国あらゆる地域において、地域や隣近所とのつきあいが以前に比べて少なくなっており、そうした地域のつきあいで営業していた自営業者も減少しているのである。また、都道府県ごとに人口の動向は大きく異なると指摘されており、市区町村でみると、平成の大合併を経ても小規模化がさらに進んでいる。このため、今後、住民ニーズとその対応はさらに多様化していくと見込まれている。

　こうした中で、平成17年度「地域教育力再生プラン」では「地域ボランティア活動推進事業」が掲げられ、地域資源を活用したボランティア活動が推進された。国民が日常的にボランティア活動をおこない、相互に支え合うような地域社会の実現をめざすものである。しかし、すでに従来から、児童生徒の登下校を地域で見守るボランティアは定着している。全国の多くの地域で、児童生徒の登下校時刻にお揃いのキャップやベストを着用した地域の中高年者が「見守り隊」として通学路に立ち、子どもたちが挨拶しながら登下校する光景は見慣れたものとなっているのである。

　地域共同体の弱体化や教育力の低下といった指摘に対抗するかのように、地域の大人と子どもの交流や共同体験の機会が重要であることや、地域集団による教育機能のさらなる活性化の必要性が指摘されてきた（門脇, 2002；松原・鐘ヶ江, 1981）。地域の教育力が低下したというより、日常生活で「地域の教育力」が発揮される場面が減少したのであって、「地域の教育力」が潜在化したとはいえないだろうか（時岡, 2011）。日常生活の中に「地域の教育力」を生かす取り組みを増やすことが、「地域の教育力」顕在化の契機になると考えられる。

5. 文化の型からみた「まち」とのかかわり方

　中根（1967）は、日本的システム・価値観を「ウチとソト」という現象を手
掛かりに解読し、個室と共通の場の考え方を「イギリス式」「インド・イタリ
ア式」「日本式」として示している。半世紀前の著であり、「典型として中流の
上」と限定したものであるが、現代の日本社会の特徴を捉えるうえで注目した
い指摘である。すなわち、イギリス式の家では各個室が明確にあってそれぞれ
個人が自分だけの場を持ち、他の家族員との接触は居間・食堂といった共通の
場でおこなわれ、親しい来客を招くのも共通の場である。個人の生活には共通
の場より個室が非常に重要な部分を占める。インド・イタリア式は、それぞれ
に個室はあるが必ずしもドアが閉ざされておらずお互いの出入りがよくみられ、
逆に共通の場が大変重要な機能を持っていて長時間を過ごす場となっており、
ソトに向かっても大きく開かれている。これらに対して日本式の場合、伝統的
住宅には個室がなくて部屋の仕切りも弱く、個人に明確に恒常的に決まった部
屋がないことが特徴である。個室は必ずしも個人一人のものとはかぎらず、乳
幼児がいれば親子同室で、また兄弟姉妹で一緒に使用する。部屋は個人によっ
て分けられているのではなく、家族の生活に必要な機能によって分けられ「客
間」「仏間」「勉強部屋」として使われる。家族成員は個別の部屋に一人でいる
より群れをなしていることが多く、家全体が共通の場を形成しており、ソトに
対して厚い壁で覆われて開放されていない。日本式では、一つの家は一つの部
屋として使われるとみることができ、イギリス式とは正反対の配置であり、イ
ンド・イタリア式のように共通の場と個室という区別がないのが伝統的な日本
の住まいであるという。すなわち、内部に壁がなく、外部と隔てる壁が厚いの
である。前述のイギリス式、インド・イタリア式では家の中に個室と共通の場
という二段階があり、共通の場はソトに向かって開かれている。日本式では、
ソトから人を入れる際には「座敷」と呼ばれる臨時の「ソト」を家の中につ
くって家族は隠れてしまうなど、家の中の態勢全体に影響を及ぼすものであり、

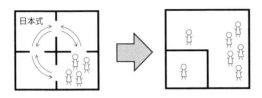

図1　個室と共通の場から見た伝統的な日本の型（中根，1972 をもとに筆者作成）

ソトの人たちと交流したり他の集団の中に入るのが難しいことを象徴している
という（図1）。共同体の捉え方としても、「ウチ」の一員となってプライバ
シーも含めて丸ごと一つになるということができなければ、つくられた「ソ
ト」の場で日常にはない特別なかかわり方をすることになるのである。

　戦後の団地や郊外の生活に着目して世相を読み解いた宮台（1997）は、団地
的郊外の歴史的変化について前期団地化と後期ニュータウン化に分類している。
すなわち、戦後に団地増設される 1956（昭和 31）年から 1970（昭和 45）年（大
阪万博）までを前期団地化と捉え、「モノの豊かさを求める『近代的過渡期』
の晩期」とし、1972（昭和 47）年（ニクソンショック）から現在に至るまでを
後期ニュータウン化と捉えて「モノの豊かさが飽和し、先の幸せ、良いことは
何かを各人各様に分化する『近代的成熟期』」とした。前期団地化では「ハコ
的閉鎖性」が強く、団地という領域は社会に開かれており、「閉じた均質空間」
とはいいがたい。後期ニュータウン化では「ムラ的閉鎖性」が強く、ニュータ
ウン自体が一つの社会として存在し、均質的な空間もつくり出したが、団地内
部のディティールは様々で個性を持つと指摘している。都市化による団地や
ニュータウンの生活は異なる閉鎖性を生み出したのであり、個々人の幸せを求
めるようになったことでライフスタイルの多様化が進んだが、閉鎖性は各戸を
単位とするものからニュータウンというムラ的なものへ変質しながら存在し続
けているとみることができよう。

　現在の住宅の間取りに注目すれば、建売住宅や分譲住宅などでは必ず数部屋
の個室とリビングルーム（またはリビングダイニング）が確保されているが、

狭い玄関から廊下を通る空間構成であり、外部からの客を招く構図にはなっていない。日本文化の型からみれば、個室と共通の場という二段階がなく、ソトに向かって開かれることがないとしたら、ソトに対する関心が生まれる機会は少なく、ソトに出ることに抵抗を感じることもあるだろう。「共通の場」の概念とその使い方が「ウチとソト」を決定づける要因の一つであるなら、個室と共通の場の使い方の習慣によって人間関係が形成される面があるのではないだろうか。

ソトに向かって開かれた共通の場としての「まち」とのかかわり方、旧来の共同体にあった「ウチ」としての「まち」ではない「まち」とのかかわり方を模索していく必要がある。すでに現在、「ウチとソト」といった概念を軽々超えて、ソトで活動する人々も増えている。多様なかかわり方を包含しながら、それぞれの地域の状況に合った「まち」とのかかわり方が定着していくことが望ましいといえよう。

6.「まちづくりマインド」の醸成が注目されている

都市計画学会では2020（令和2）年から「まちづくりマインドを育む」との企画が「都市計画」に連載され、「まちづくりマインド」醸成に注目が集まっている。まちづくりには物理的・環境的側面があり、目的としても活性化や、人や関係づくりといった側面もある。従来、学校教育で実施してきた地域学習だけではマインド醸成は難しいのではないだろうか。これまでも学校が地域に出かけての教育活動をおこなってきており、地域学習や商店街調べなど学校の教育課程の中で地域という場を活用しておこなう学習活動が主である。しかし、そうした学校知だけでは「まちづくりマインド」の形成に至ることは難しい。例えば地域学習の場面では、生徒は教わる立場であり、地域住民は教える立場として対峙する。学習内容も教育課程として教師が作成し地域住民が実行・協力する。こうした構図は学校内でおこなう教育活動と大差なく、教育の場が校外へと移っただけになりかねない。

従来、学校教育では社会科・家庭科や総合学習などで、商店街や地域の実態調査や課題分析をおこなっており、地域学習の方法論や教材としても工夫されてきた。しかし、実際の学校現場では教科それぞれが独立して展開され、まちづくりについて系統的に学習することはほとんどなく、残念ながら地域の全体像を捉えたり将来像を検討する機会とはなっていない。また、地域について学習し理解することが、まちづくり活動の主体になることと同じではない。いわば、まちづくりの入り口に立ったところである。

　まちづくりの主体はそのまちの居住者であり、理想とするまちの将来像をイメージして共有することが重要となる。教科書や資料に描かれた理想像や、外部から与えられたり押し付けられた取り組みや開発は、必ずしも居住者が望む将来像をもたらすとはかぎらない。逆に、居住者が望まないような高層マンションや遊戯施設の建設計画が明らかになって反対運動が起こり、これを契機として主体的なまちづくり活動に取り組むようになったというケースは全国に数多くみられる。すなわち、自分のまちの問題として捉えて、主体的にかかわる必要性を実感することによって自ら取り組む姿勢が生まれるといえるのではないか。さらに、こうした自分のまちの主体的なまちづくり活動を経験することで、地域における共助や相互扶助のあり方を考える機会となる。また、他の地域への関心も高まり、自然災害などの被災地の支援や、人口や家族構成の急激な変化による地域の課題などにかかわる契機ともなるものである。

　「まちづくりマインド」の醸成と、方法論・手法の学習は必ずしも同じではない。マインド醸成には、地域愛着、居住者との人間関係づくり、参画し主体となる実感や体験が必要となる。すなわち、日常生活の中での体験や地域での経験の中に、主体的な発見や「まち」を認識する種がある。そうした学校知と生活知の統合が必要と指摘されている（小澤，2020）。すなわち、実践経験からまちづくりマインドを育むためには、学習から主体的活動へ発展させる工夫が必要なのである。

　そこで、例えば後述する地域学校協働活動（4章）は、地域や学校という塊ではなく両者の個々の関係構築が核となっている。支援する・されるという立

場の逆転も含んでおり、共助の原点を経験するといえる。生徒の社会参画の経験は、生徒を「支援される側」から「地域づくりの主体」への発達を促すことにつながる。地域住民にとっては社会の子育てという市民意識を醸成し、その主体となることを実感する。地域ボランティアの意識調査からは、学校の取り組み認知と地域社会の交流増加がつながりを強化するとともに、幸福感・達成感・充実感の高まりをもたらすと指摘されている（平田, 2020）。また、地域の実情に合致した活動が展開できるため、まちづくりマインド醸成の核となりうるのではないだろうか。ただし、課題としては特定の教科や学習プログラムを超える活動との連携、学校の教育課程との接続や連動が必要である。

7. 多角的な視点からの検討が重要 ―― 分野横断型のアプローチ

　これまで述べてきたように、まちづくりの活動は多種多様に展開されており、地域活性化や地域づくりを掲げた取り組みも多く実践されている。冒頭に述べたとおり、地域をより良くしたいとの思いで取り組む社会的な活動（いわばソフトのまちづくり）は、目的が抽象的で成果もみえにくい。これらの成果や課題を示すこと、その実践を継続するための要件の検討が急務であるが、そのためには分野横断型のアプローチが必要であると考える。

　実践の現場で活動に行き詰った状態に出会うことがある。その活動については参画している人々自身が専門家となるから、外から解決のための的確な提案は難しいが、関連する分野からの見方やアドバイスは参考になるものである。例えば、まちづくり活動に社会教育の知見はもっと生かせるのではないか、まちづくりの成果は社会学や心理学の手法によって可視化できるのではないかなど、可能性は大きいと思われる。また、ボランティアの募集にはライフコースの変容をふまえる必要があるのではないか、子どもと高齢者のかかわりの場面には現代のライフスタイルの特徴を考慮すればさらに効果が発揮できるのではないかなど、多角的な視点からの検討は具体的な活動に資するのではないだろうか。

今日の新型コロナウィルス感染症の拡大による社会・経済活動への影響の長期化に伴い、生活の様々な面で困難や不安に直面する人は増加しているとみられ、つながりや支え合いの必要性は以前に増して高まっている。このため、従来の取り組みを今後の新たな生活様式に適合させながら展開していく必要がある。さらに、これらの動きを一過性のものとせず、社会における共助の土壌として育てていくことが重要である。

▶文献

平田俊治・時岡晴美（2020）．地域学校協働活動は学校と地域に何をもたらしたか —— 中学校と地域社会の連携の在り方に関する研究（その6）—— 日本建築学会四国支部研究報告集, *20*, 67-68.

ハワード, E., 長　素連（訳）（1968）．明日の田園都市　鹿島出版会

石原武政・西村幸夫（2010）．まちづくりを学ぶ —— 地域再生の見取り図 —— 有斐閣

石塚雅明（2004）．参加の「場」をデザインする —— まちづくりの合意形成・壁への挑戦 —— 学芸出版社

門脇厚司（2002）．地域の教育力が育てる子どもの社会力　社会教育, *57*, 10-12.

小澤紀美子（2020）．学校教育におけるまちづくり学習のあり方　都市計画, *342*, 81-82.

松原治郎・鐘ヶ江晴彦（1981）．地域と教育 —— 教育学全集9 —— 第一法規出版

宮台真司（1997）．まぼろしの郊外 —— 成熟社会を生きる若者たちの行方 —— 朝日新聞社

三村浩史（1997）．地域共生の都市計画　学芸出版社

三村浩史・北條蓮英・安藤元夫（1978）．都市計画と中小零細工業 —— 住工混合地域の研究 —— 新評社

内閣府（1975・1986・1997-2020）．社会意識に関する調査　https://survey.gov-online.go.jp/h08/shakai.html（最終閲覧日 2022年1月20日）

内閣府（1996・2000・2007）．国民生活選好度調査　https://warp.da.ndl.go.jp/info:ndljp/pid/10361265/www5.cao.go.jp/seikatsu/senkoudo/senkoudo.html（最終閲覧日 2022年1月20日）

中間美砂子・浅田幸子・足立啓子・榎並英子・遠藤マツエ・妹尾勝子・田窪純子・時岡晴美・中川忍子・長石啓子・冨士田亮子・（1994）．中国・四国地域の社会的ネットワークの現状と課題（第1報）—— 個人・家族リンケージ活性化への影響要因 —— 日本家政学会誌, *45*, 3-11.

中村　攻（2012）．子どもたちを犯罪から守るまちづくり —— 考え方と実践 —— 東京・葛飾からのレポート —— 晶文社

中根千枝（1967）．タテ社会の人間関係 —— 単一社会の理論 —— 講談社

中根千枝（1972）．適応の条件 —— 日本的連続の連続 —— 講談社

オーエン，R.，楊井克己（訳）（1986）．新社会観　岩波書店

佐藤一子（2002）．子どもが育つ地域社会 —— 学校五日制と大人・子どもの共同 —— 東京大学出版会

時岡晴美（2011）．「地域の教育力」は衰退したのか —— 学校と地域の協働による「地域の教育力」を考える —— 大久保智生・牧　郁子（編）実践をふりかえるための教育心理学 —— 教育心理にまつわる言説を疑う —— ナカニシヤ出版, 201-216.

時岡晴美（2018）．地域との連携　大久保智生・牧　郁子（編）教師として考えつづけるための教育心理学 —— 多角的な視点から学校の現実を考える —— ナカニシヤ出版, 26-31.

時岡晴美・上玉啓子（1994）．生活行動からみた家庭と地域における児童の人間関係　日本家政学会誌, *45*, 115-122.

第1部

変容するライフスタイルと地域協働のまちづくり

時岡晴美

第1章
ライフコースの変化がもたらす意識変容
──地域への関心

1. ライフコースの変化と多様化

「人生100年時代」といわれる。平均寿命、特に健康寿命の伸長は、リタイア後の期間をどう過ごすのか再考することを促している。実際に、仕事の定年や子どもの独立・結婚を機に、自分らしい生き方を模索する人も多くなった。ほんの数年前までは「人生80年」を想定しており、長期化した高齢期をどう過ごすか、高齢期における余暇の過ごし方が課題とされてきた。いわゆる老後の楽しみとして、ゲートボールやグラウンドゴルフ、手芸や庭いじりなど、娯楽や趣味を生かした過ごし方が注目されていたのである。しかし、そうした娯楽だけでは、さらに長期化した高齢期を充実して過ごすことは難しい。社会に役立つことに携わって恩返しをする、自分の能力を発揮することで生きがいを感じるなど、充実した過ごし方が求められるようになってきた。

平均寿命（0歳の平均余命）の推移をみると（図1-1）、特に戦後の急激な変化は顕著であり、1970年代・80年代を通して高齢化社会・超高齢化社会の課題や対策が論じられてきた。当時の社会的な関心は、高齢者の余暇の過ごし方に加えて、相対的に縮小する労働人口でどう支えていくかという課題が中心であった。2000（平成12）年頃から平均寿命の延びが緩やかになり、今後の推計値も延び続けると示されたことで、高齢期の過ごし方だけでなく生涯を視野に入れてライフコースを再考するようになったとみられる。

かつては一般的なライフコースとして、幼少期は遊び、学齢期は勉強、青年期から中年期は仕事、高齢期は余暇というように見なされてきたが、現在では

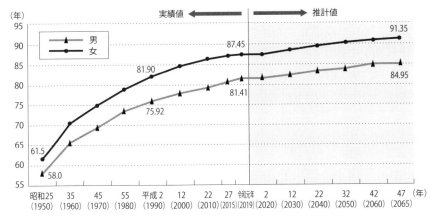

資料：1950年は厚生労働省「簡易生命表」、1960年から2015年までは厚生労働省「完全生命表」、
　　　2019年は厚生労働省「簡易生命表」、2020年以降は、国立社会保障・人口問題研究所「日本の
　　　将来推計人口（平成29年推計）」の出生中位・死亡中位仮定による推計結果
注：1970年以前は沖縄県を除く値である。0歳の平均余命が「平均寿命」である。

図1-1　平均寿命の推移

複合的なライフコースが現れるようになり、卒業後すぐに就職しないケースや、中高年期に就学することも珍しくなくなった。自分自身のライフコースを検討あるいは模索した結果が反映していると考えられる。実際に大学院に進学する社会人も2000（平成12）年以降急増している。学校基本調査（文部科学省）によると、修士課程・博士課程・専門職学位課程を合わせた社会人学生数は、2000（平成12）年に25,000人程度だったが、2006（平成18）年には48,000人を超え、2009（平成21）年には54,000人余りと急増した。2020（令和2）年には63,000人に迫るほどで、この中に65歳以上の大学入学者数25人、大学院修士課程132人、博士課程67人が含まれている。すなわち、学齢期を越えて以降、仕事と並行あるいは仕事を中断して、また、仕事をリタイアしたあとに、勉強する機会を設ける人が増加し続けているのである。

　ところで、厚生労働省の統計では高齢者を65歳以上としているが、対象年齢は制度ごとに異なっており、新たに75歳以上とする提案もみられる（日本老年学会・日本老年医学会，2017）。近年の高齢者の心身の老化現象に関する

データ分析から、65〜74歳では心身の健康が保たれており社会活動が可能な人が大多数を占めているとの指摘もある（日本老年学会・日本老年医学会，2017）。実際に高齢者が働いているか、社会活動をおこなっている割合では、2016（平成28）年現在、60歳代男性74.6%、60歳代女性69.6%、70歳以上男性47.5%、70歳以上女性44.2%であり、高齢者の半数程度が働いているか、ボランティア活動、地域社会活動（町内会、地域行事など）、趣味や習い事をおこなっている（厚生労働省，2019）。また、65歳以上人口の動向では、「団塊の世代」が65歳以上となった2015（平成27）年に3,347万人となり、「団塊の世代」が75歳以上となる2025（令和7）年には3,677万人に達すると見込まれている。その後、2042（令和24）年にピークを迎えると推計されており、社会活動で活躍する高齢者は今後しばらく増加すると考えられる。ライフコースの多様化はますます進むのではないだろうか。

2. 家族の暮らし方、ライフスタイルの多様化

　家族観や家族の暮らし方の変化も、生活意識を大きく変えている。結婚しない、子どもを持たないライフスタイルが特別なものではなくなり、選択肢の一つとして自分で選ぶものとなった。これは人類史上初といえるかもしれない現象である。未婚率は1975（昭和50）年以降急上昇し、2000年代からは緩やかになったが、2015（平成27）年現在で、30歳代の男性4割、女性3割、40歳代の男性3割、女性2割、50歳代の男性2割、女性1割は未婚である（総務省，2017）。他方で、世帯数は一貫して増加しており、一世帯あたり人員数は減少を続けて2020（令和2）年は2.27人となり家族は縮小し続けている。青年の結婚観を調査したデータでは（内閣府，2010）、「結婚すべき」の割合は減少を続けていたが、2008（平成20）年調査では増加に転じて22.9%となり、「結婚した方がよい」54.4%と合わせて77.3%は結婚に肯定的であり、「結婚しなくてもよい」は減少して19.9%となった。この背景として「結婚」という形態の多様化が影響していることが推測される。

事実婚や別居婚、同性婚、ステップファミリー、単親家族や単独世帯も増加しており、「結婚」という形態の多様化が進んでいる。もちろん伝統的な多世代家族も多いが、かつては当たり前とされた家族が代々住み継いでいく暮らし方だけでなく、リタイア後に出身地の実家に戻るというパターンや、住みたい地域に移住するケースも増えている。社会の様相として捉えれば、近代までは共同体に所属しなければ個人の生活が成立せず、共同体に所属することで個人の生活が保障されてきた反面、制度や規範によって選択肢は限定されており、真に自分らしいライフスタイルを実現することは難しかった。しかし現代は、生活者優先の社会にあって生活者自身が選択できるようになり、ライフスタイルの多様化が進んだ。家族の暮らし方やライフコースもその人自身の選択の結果として、周囲から詮索されたり特別扱いされたりすることはなくなった。こうして選択肢が増大すれば、選択する場面も増大し、自己責任を問われる場面も増大している。現代は、どれだけ選択肢があるかが社会に問われており、同時に生活者が何をどう選択するかが問われているといえる。

　暮らし方に対する考え方も変化してきた。統計数理研究所「国民性の研究」では 1953（昭和 28）年から 5 年ごとに全国調査を実施しており（20 歳以上を対象とする標本調査）、継続する調査項目の回答傾向からは、その当時の一般的な考え方を読み取ることができる。これによると、「いちばん大切だと思うもの」では、1970 年代から「家族」が急増し、1990 年代以降は大差をもって第 1 位を保持している（図 1-2）。先に挙げた平均寿命と照合すると、1950 年代にはどちらも急激な変化がみられ、60 年代・70 年代には変化が緩やかになり重要視するものについて多様化が進んだことが読み取れる。

　戦前・戦後の著しい産業化の進展や家族制度の大改正にもかかわらず、家族集団の大きさはほとんど変化なく内実も変わらなかったが、1960（昭和 35）年には家族規模の急速な縮小が始まるという実態が背景にある。1960 年代後半には一世帯あたり人員数の平均が一挙に 3 人台へ移行し（厚生労働省，2020a）、高度経済成長が単独世帯や夫婦のみの世帯を増やし出生子数を減らしたことで、家族の規模が急速に縮小した。これによって 80 年代・90 年代には家族を重視

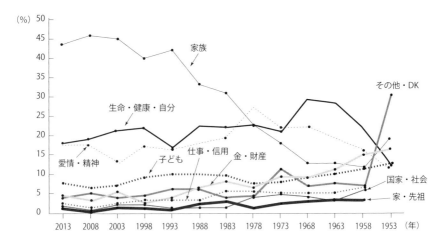

図 1-2　いちばん大切だと思うもの　（統計数理研究所，2017 より作成）

する傾向が急激に高まるが、この頃には三世代家族が減少し、単独世帯は 20 年間で 516 万も増加した。高齢者がいる世帯でも単独世帯が増えたが、夫婦のみの世帯のほうが増加している。その後 2000 年代以降は、緩やかな平均寿命の延びを背景に「家族がいちばん大切」と思う傾向が続いている。

　また、暮らし方についての個人的態度で、「自分の好きなことをする暮らし方か、人のためか」という項目では 1978（昭和 53）年から一貫して「人のためになること」を過半数が志向しているが、「たいていの人は、他人の役に立つことを考えているか、自分のことだけか」という項目では、近年「他人の役に立つことを考えている」が増加し、2013 年調査では 45% を占めて「自分のことだけ」と逆転した（図 1-3）。少子高齢化が進展し、まるで細胞分裂していくような家族規模の縮小と単独世帯の増加が、逆に家族を重要視する傾向をもたらしていると考えられる。かつては多世代による共同体であった家族が小規模化して二世代か一世代のみとなり、かつては日本型福祉社会と称されて高齢期を家族で過ごしていたが、現在では子や孫に頼らない暮らし方が注目されるようになっている。反面、人のためになることや他人の役に立つことを考える

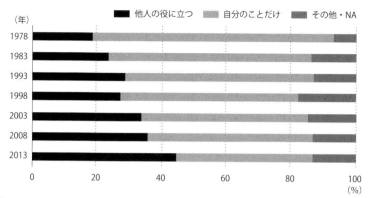

図1-3 たいていの人は、他人の役に立つことを考えているか、自分のことだけか
（統計数理研究所，2017 より作成）

ようになったといえるのではないだろうか。

3. 都市化する世界、価値観の変化

　近年は全国で都市化がますます進展し、地域の人口減少が顕著になっている。国勢調査1920（大正9）年以降5年毎のデータによれば、継続してきた人口増が2015（平成27）年にはじめて減少に転じ、続いて2020（令和2）年も減少した。全国1,719市町村のうち増加したのは302市町村（17.6%）であり、1,416市町村（82.4%）は減少している。しかも、人口増加が最も大きいのは東京特別区部であり、東京一極集中や都市部への人口集中が、人口が減少に転じた現在でも続いていることがわかる。農山村部だけでなく全国の多くの市町村に人口減少が生じており、生活様式においては農山漁村部も含めて全国で都市化が進んでいる。農林漁業者や自営業者より勤労者が多くなり、地域活動や伝統行事が従来どおりには実施できない状況に陥って中止・廃止されたり、近隣とのつきあい方を大きく変えたりして、伝統的な地域の文化が衰退していく契機となった。伝統食よりコンビニ弁当が重宝され、商業ビルやマンションが好まれるようになり、隣の住民とは一線を画す暮らし方になっている。近所や親戚と

のつきあいはほどほどになり、「血縁、地縁、社縁の弱まり」は、人々が「全面的つきあい」を避けるようになったためとみられている（NHK放送文化研究所, 2019）。「日本人の意識調査」において「隣近所とのつきあい」で望む程度は、1973（昭和48）年時点では「全面的つきあい」35%、「形式的つきあい」15%だったものが1998（平成10）年に逆転し、2018（平成30）年には「全面的つきあい」19%、「形式的つきあい」33%となっている。「親戚とのつきあい」では1973（昭和48）年時点では「全面的つきあい」51%、「形式的つきあい」わずか8%だったものが、2018（平成30）年には「全面的つきあい」30%、「形式的つきあい」26%となり同率に近づいている。なお、「全面的つきあい」は「何かにつけ相談したり助け合えるようなつきあい」を指し、「形式的つきあい」は「一応の礼儀を尽くす程度のつきあい」を指している。すなわち、隣近所にも親戚にも日常的に相談したり助け合うことを求めなくなっているのである。

　こうした生活意識や態度の変化はライフスタイルの都市化に伴って生じたものであり、既存のものとして与えられた関係より自ら選択してつきあう関係が重視されるようになったとみることができる。当然の結果として、地域における人間関係には変質をもたらすことになる。

4. 子どもの生活環境からみた地域とのかかわり方

　子どもの生活環境の変化に注目すると、地域に子どもの居場所が失われており、新たな居場所や地域住民とかかわる場面をつくる必要が生じていることがわかる。

　例えば、文部科学省による放課後政策として展開されてきた「全国子どもプラン」では、2007（平成19）年に文部科学省と厚生労働省が連携して実施する「放課後子どもプラン」が創設された。文部科学省「放課後子ども教室推進事業」はすべての子どもを対象に地域の参画を得て学習やスポーツ・文化活動等の取り組みを推進するためとして、厚生労働省「放課後児童健全育成事業」は、保護者が労働等昼間家庭にいない概ね10歳未満の児童に適切な遊びと生

活の場を提供するためとして、両省が連携して実施するものである。従来の取り組みに比して地域の積極的な参画が欠かせないことが強調され、これらを通して地域社会全体で地域の子どもたちを見守り育む気運の醸成をめざした。同年の状況調査では全国の約3割の小学校区で実施され、参加した子どもは「地域の大人との交流が深まった」「学校に行くのが楽しくなった」としている（請川, 2010）。子どもの居場所としての効果がみられるが、実施主体である都道府県等では教育的効果の拡充と継続実施に向けて課題が山積している。

　このように、子どもの居場所づくりとして地域の諸団体や諸活動をコーディネートする活動は、従来は学校を拠点とし学校を中心におこなわれてきた。1974（昭和49）年文部省社会教育審議会の「在学青少年に対する社会教育の在り方について」に端を発する学社連携の流れであり、現在では学校内に地域連携に関する校務分掌が位置づけられている学校も多い。とはいえ、例えば学童保育に求められるものと全児童対象事業の目的は、本来大きく異なるものである。具体的に示すと、学童保育に固有なものとして児童福祉法には留守家庭児童の「最善の利益」のために、①対象児童を特定しておこなわれる事業である、②「遊び」と「生活の場」が与えられる必要がある、③子育てと仕事の両立支援の事業であるとの3点が明記されている。一方で、全児童対象事業に固有なものとして児童福祉法および社会教育法には、①全児童を対象としており対象児童を特定しない事業である、②「遊び」を活動の中心としており「生活の場」を与えることは想定していない、③子育てと仕事の両立支援については想定されていないとの3点が指摘されている。しかもそのどちらとも一方に解消されてはならないとの指摘があり（黒田, 2008）、また、学童保育の環境整備についての課題が解消されないまま廃止する自治体も発現しているなど、両事業の連携・統合にかかる課題が指摘されている（渡辺, 2011）。

　「放課後子ども教室」の成立過程をみると、その前身の「地域子ども教室」推進事業では、「地域の大人の協力を得て、学校等を活用し、緊急かつ計画的に子どもたちの活動拠点（居場所）を確保し、放課後や週末等における様々な体験活動や地域住民との交流活動等を支援するもの」（文部科学省, 2004）と

されており、「放課後子ども教室」は地域の教育の場と捉えうる取り組みといえる。2011（平成23）年に実施した実態調査からは、子どもの居場所・地域教育の場として機能していること、保護者にとっての託児の場として機能していること、これら二つの機能がせめぎ合っていると指摘された（時岡・岡本, 2011）。地域教育機能として地域の期待や思いがある一方、保護者の要望としては託児機能の面が強い。前者を中心とする活動内容では必ずしも参加児童の増加につながらないことが多く、後者の活動内容では自由遊びが中心となって地域教育の場として課題が残される。加えて、後者の機能に傾きつつあることが課題とされた。すなわち、地域の側からは地域教育的機能を求めており、地域の歴史・遊びなどの学習や地域交流、他世代交流の場としたいが、保護者の側からは託児的機能を求めて安全・安心な子どもの居場所にしたいと考えており、コーディネーターは単なる「子どもの預け場所」にしたくないとの思いが強い。

　こうした葛藤は、類似する他の活動でも同様にみられ、現場の担当者が折り合いながら継続しているのが実情である。地域教育機能と託児機能が共存する取り組みが必要といえる。

5.　高まってきた地域への関心、地元志向

　近年は地元志向が高まっているとみられ、若い世代でも「今住んでいる市町村や近隣市町村に住み続けたい」という傾向にある。厚生労働省（2020b）によると、今後の居住予定として「今住んでいる市町村や近隣市町村に住み続けたい」は全体の62.1%、18〜44歳に限っても49.5%となっている。

　地域愛着に着目した研究によれば（鈴木・藤井, 2008）、地域愛着の各尺度と、地域への意識・態度の質問の相関分析の結果、地域愛着の各尺度と町内会活動・まちづくり活動への態度の相関がいずれも有意に正であり、地域愛着が高い人ほど町内会活動やまちづくり活動などの地域での活動に熱心である傾向が示されている。地域愛着（感情）については、町内会活動、まちづくり活動の

2変数に対して最も高い相関係数を持っている。また、「地域の整備は行政が
やってくれるだろうと信頼している」という、社会資本整備に対する信頼感に
ついての項目では、地域愛着（感情）および地域愛着（選好）が有意な正の相
関を持つことが示されている。その一方で、「地域を良くする活動は熱心な人
に任せればよい」という、地域の改善を他者に依存する程度を示す項目とは、
地域愛着のいずれの尺度も負の相関を示していることが示された。これらの結
果から、自らの住むまちに親しみを持ち住み続けたいとの思っていることは、
住民がまちづくりのような地域への協力活動に参加する意欲を促進させる重要
な要因の一つになると考えられる。また、地域愛着が高い人ほど、地域を良く
するための活動を他人任せにせず、愛着を感じていない人に比べて当事者意識
が強いと考えられる。

　さらに居住年数との関係に着目すると（新里・中島・安藤，2018）、地域愛着
には居住年数も影響を及ぼしているものの、それらの影響を加味したとしても、
風土接触度の影響が独立に存在することが示唆されている。人々の交通手段と
風土との接触の度合いは、自動車や JR・私鉄が最も小さく、徒歩や自転車等
が最も大きい一方、バスや路面電車はその中間である可能性が示されている。
これは日常の体験としても徒歩で通学している場合は通学路周辺に詳しく、電
車通学の場合はその周辺の地域やその風景について詳しくないことは、多くの
人が実感するところである。また、年齢が高くなるほど風土接触度が大きくな
ることも指摘されている。他方で、地域活動への参加度合いは、徒歩圏でのつ
きあい程度に加えて、地域の住民活動の活発度評価との関連が高いことが示さ
れている（国土交通省，2005）。すなわち、地域における活動を活性化させる
ことがさらに参加者増につながるといえる。活動の実態やその成果を住民に示
すことがポイントの一つとなるのである。

　このように、地域愛着が高い人ほど、町内会活動やまちづくり活動などの地
域での活動に熱心であること、地域愛着における「持続願望」の側面を強く持
つ個人は、地域改善のための諸活動を他者や行政などの自分自身以外の存在に
任せない傾向が強いことが示された。「住み続けたい」との思いと地域愛着は

同じではないが関連深いものと考えられるため、地域での活動に参加する可能性を有していると思われる。

6. まちづくり活動・ボランティア活動の増加

　冒頭で示したように、最近ではまちづくり活動が増加してきたことに加えて、ボランティア活動に参加する機会が多くなった。地域活性化や防災・防犯などを目的とする地域の活動をはじめとして、地域案内や観光地紹介のボランティア活動、子育て支援活動への参加も増加しており、ボランティア活動への意識が高まっているとみられる。

　内閣府の調査によると、「社会の一員として何か社会のために役立ちたいと思っている」と回答した割合は年々増加し、特に近年は社会福祉、地域活動、防災に関する活動が高くなっている（図1-4）。1977（昭和52）年調査では「思っている」が「あまり考えていない」を下回っていたが（45.2％、48.3％）、1985（昭

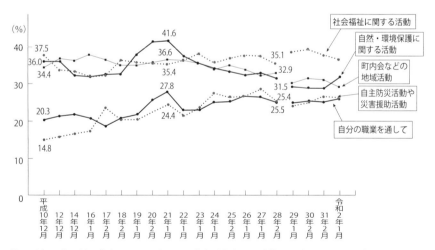

注：平成28年2月調査までは、20歳以上の者を対象として実施。29年1月から18歳以上の者を対象として実施。

図1-4　社会のために役立ちたい内容（内閣府，2020）

和60年）には逆転して以後も差は拡大し、1991（平成3）年には「思っている」が63.9％と6割を超えている。年齢別では特に40〜69歳で意欲が高いが、多忙なライフステージにあるため実際の活動は伴わない可能性もある。そこで、実際の活動経験をみると、1年間に1度でもボランティア活動をした人の割合は、40〜60代が高いものの近年はやや下降している。今後は働き方の見直しやワークライフバランスの実現とともに、この世代の活躍に期待したいところである。また、青年のボランティア活動への参加経験は年々上昇しており、内閣府の調査では経験者が半数に達している（内閣府，2009）。

実際のまちづくり活動への参加状況として、「暮らしやすいまちづくりへの関わり（既にしていること・2019年）」では（厚生労働省，2020c）、「何もしない（特にない）」が最も多く46.9％を占める。次いで、「日常生活の困りごとについて、友人・知人同士で助け合う」32.1％、「日常生活の困りごとについて、近隣住民同士で助け合う」27.1％であり、具体的なボランティア活動は11.8％に過ぎないが高齢者は17.2％と少し多くなっている。「暮らしやすいまちづくりへの関わり（これからしようと思うこと・2019年）」でも「何もしない」が最も多く44.3％であるが、「助け合う」や「ボランティア」などの項目はやや多くなり、特に高齢者で多くなる。

こうした中で、高齢者にとってもボランティア活動は身近なものになりつつある。社会生活基本調査によれば高齢者の社会参加率は、1993（平成5）年42.3％、2003（平成15）年54.8％、2013（平成25）年61.0％と上昇している（内閣府，2016）。特に、まちづくりや子ども対象の活動によく参加している。

これらのデータからは、社会貢献意識は高いがまちづくり活動への参加は少ないことが読み取れる。まちづくり活動は身近でない、あるいは「敷居が高い」と感じているのではないだろうか。これまで実施した調査研究の中でも、知人に頼まれたり誘われたりして活動に参加し、活動することで充実感や生きがいを得て「参加して良かった」と思ったケースは数多い。参加するきっかけを求めていると思われる。

7. まちづくりへの展開が期待される

　現在はすでに多くの地域で、縮小都市のあり方が議論されている。急速な人口減少・高齢化の進展によって市街地の衰退や空洞化が進展したことによるものである。こうした中で、まちづくりに重要な「コミュニティ・マネージメント」が注目されており、地域の力を結集して人々の意欲を向上させ、必要な活動を総合的・集中的に実施すること、そのための基盤を築く必要があるとされる（住環境の計画編集委員会，1991）。衰退市街地だけでなく様々な地域でそれぞれの状況に合わせて対応できる取り組みが求められる（上野・川越・小伊藤・室崎，2000）。地域における担い手として関係者や組織ができるだけ多く参加することが活性化につながるため、様々な団体や行政が連携する必要があるが、すでに多くの地域にはこうした団体が存在して独自の活動を進めている。今後さらに多くの関係者の関心を高め、問題意識を共有し、相互啓発することで、地域の目標を共有して実現のための活動へ発展させる必要があるのではないか。

　こうした活動に参画する地域住民について具体像を想像してみよう。現代は全国どこでも都市的ライフスタイルが一般的である。地域共同体や地縁・血縁の関係を重視する傾向は薄れ、個人の生活を重視するようになった。生活の個別化・孤立化は一層進み、家族の中においても個人が優先される傾向にある。こうした現代のライフスタイルを背景として、地域の活動に参加する人は減少の一途を辿り、地域の伝統行事や集会の機会の喪失にも拍車がかかっている。他方で、まちづくりや地域活性化に向けた動きも現れており、地縁や従来の団体とは一線を画した新たな自主的・自発的な活動主体が地域で構成されている。例えば、「おやじの会」はその代表格といえるが、全国に 4,000 団体といわれるおやじの会のネットワークとして「全国おやじサミット」が 2003（平成 15）年に開催された。日本おやじの会連絡会は「ゆるやかなネットワーク」を目標としており、公的立場の役員が主導権をとるのではなく誰にも強制されること

なく運営され、会則も縛りもないという「ネットワーク型組織」である。個人を優先し個人が選択して参加するもので、まさに現代のライフスタイルに合致した組織といえよう。現在はそれぞれ個別につながりができたとして、情報交換のための連絡会ホームページは役目を終えてクローズされたが、全国おやじサミットは毎年継続して開催されている。おもに小学校での活動や、小学校PTA と連動する活動が多いようである。

　また、2009（平成 21）年から始まった「地域おこし協力隊」も象徴的な存在といえる。総務省が活動経費を措置しており、都市地域から過疎地域等の条件不利地域に移住して、地域ブランドや地盤産品の開発・販売・PR 等の地域おこし支援や農林水産業への従事、住民支援などの「地域協力活動」をおこないながら、その地域への定住・定着を図るという取り組みである。隊員は各自治体の委嘱を受け、任期は概ね 1 年以上 3 年未満、具体的な活動内容や条件、待遇は募集自治体により様々で、任期後は起業希望者向けの補助制度も用意されている。当初の 2009（平成 21）年度 89 人 31 団体から年々倍増し、2018（平成 30）年度は 5,530 人 1,061 団体が全国で活動しており、2024（令和 6）年度に 8,000 人に増やす目標を掲げている。その成果について評価は未だ確定していないが、現在のところ、明らかな過疎地域だけにかぎらず全国で多くの市町村に取り組みが広がっていることから、地域活性化に感心がますます高まっているとみられる。

　その地域に参画することで地域の一員となるのが現代のコミュニティであるから、現代社会における希薄化した人間関係を超える必要があり、そうして形成された地域コミュニティは協働の目的を持つ集団である。それらをどのように創造していくかが問われるのであり、協働する地域づくり計画の過程では、基本的なところから議論を尽くすことが不可欠であるという（三村，1997）。地縁、血縁、社縁とは異なる「新たな縁」として、関心あるテーマに対してつながりを持とうとする動きに期待したい。

▶文献

本庄宏行・渡辺真季・三橋伸夫（2009）．小学校施設を利用した子どもの居場所づくり活動の実態と評価に関する研究 ── 放課後子ども教室推進事業を事例として ──　日本建築学会大会学術講梗概集, 625-626.

住環境の計画編集委員会（1991）．住空間の計画5　住空間を整備する　彰国社

国土交通省（2005）．平成17年度　国土交通白書

厚生労働省（2019）．令和3年度　高齢社会白書　https://www8.cao.go.jp/kourei/whitepaper/w-2021/zenbun/pdf/1s1s_01.pdf（最終閲覧日2022年1月20日）

厚生労働省（2020a）．2019年国民生活基礎調査の概況　https://www.mhlw.go.jp/toukei/saikin/hw/k-tyosa/k-tyosa19/d¹/14.pdf（最終閲覧日2022年1月20日）

厚生労働省（2020b）．人口減少社会における医療・福祉の利用に関する意識調査

厚生労働省（2020c）．令和2年度　厚生労働白書, 97-98.

黒田治夫（2008）．学童保育の現状と課題 ──「放課後子どもプラン」に関わって ──　大阪健康福祉短大紀要, 7, 155-163.

三村浩史（1997）．地域共生の都市計画　学芸出版社

内閣府（2009）．第8回世界青年意識調査　https://www8.cao.go.jp/youth/kenkyu/worldyouth8/html/2-4-3.html

内閣府（2020）．社会意識に関する世論調査　https://survey.gov-online.go.jp/index-sha.html（最終閲覧日2022年1月20日）

中村　隆・土屋隆裕・前田忠彦（2015）．国民性の研究 第13次全国調査 ── 2013年全国調査 ──　統計数理研究所

日本老年学会・日本老年医学会（2017）．高齢者に関する定義検討ワーキンググループ報告書

新里早映・中島正裕・安藤光義（2018）．農村地域における住民の地域愛着に影響を及ぼす要因分析 ── 山口県長門市俵山地区を事例として ──　農村計画学会誌, 37, 224-229.

総務省統計局（2017）．平成27年国勢調査　https://www.stat.go.jp/data/kokusei/2015/kekka/kihon1/pdf/gaiyou1.pdf（最終閲覧日2022年1月20日）

総務省統計局（2021）．令和2年国勢調査 ── 人口・世帯数（速報値）を公表 ──　統計Today, 174（https://www.stat.go.jp/info/today/pdf/174.pdf）.

鈴木春菜・藤井聡（2008）．地域愛着が地域への協力行動に及ぼす影響に関する研究　土木計画学研究論文集, 25, 357-362.

時岡晴美・岡本侑記（2011）．地域における子どもの居場所づくりの課題と将来像 ──「放課後子ども教室」の取り組み事例を中心として ──　日本建築学会四国支部研究報告集, 11, 73-74.

上野勝代・小伊藤亜希子・川越潔子・室崎生子（2000）．女性の仕事おこし、まちづくり ── 男女共同参画社会へのエンパワーメント ──　学芸出版社

請川滋大（2010）．子どもの居場所としての「放課後子ども教室」—— その現状と課題 ——　日本女子大学紀要　家政学部, *57*, 23-33.

渡辺多加子（2011）．小学生の子育てと仕事の両立支援の課題と展望（2）—— 学童保育サービスの実施状況と環境整備の課題 ——　国民生活研究, *50*, 120-152.

第2章
現代のライフスタイル変容から社会参加へ

1．ライフスタイルの変容と住まい方

　ライフスタイルや日々の暮らし方は、時代の流れとともに変化する。多くは幼少期を過ごした定位家族のライフスタイルを身につけており、生活価値観やコミュニケーションのあり方も定位家族の特徴を踏襲している。それぞれの家庭の文化を学習することが社会化のプロセスであり、いわばそこを原点として自分のライフスタイルを形成していく。

　生活文化は、①意識内にあるもの、②行動に現れたもの、③外界の物体に現れたものに分類できる。正月を例にすると、意識内にあるものとしては「お目出たい」という意識が「一年の計は元旦にあり」に表れている。行動としては、初詣に行く、雑煮を食べる、晴れ着を着るなど、外界の物体としては、門松、鏡餅、おせち料理、年賀状などに現され、これらが三位一体となって一つの生活文化を構成している。ふだんは伝統的なしきたりに反発する子どもや若者世代も、正月の行事では伝統的なしきたりを嬉々としておこなう姿に、こうした生活文化の継承が実感される。その根底には家庭の文化があり、正月の行事やその間の過ごし方は家庭それぞれの特徴があり、その上に周囲からの影響を受けて行動に現れるといえよう。

　成長に伴ってアイデンティティが確立すると自分らしさを表現するようになり、友人やメディアなど家族以外からの情報や具体像の影響を受けて、ライフスタイルは徐々に変化していく。もちろん、その後のエイジングに伴って変化し続ける。これらの変化の様相あるいは方向が何らかのまとまりとして現れる

と、それが社会のライフスタイル変容として認識されることになる。

　衣食住という諸側面に注目すると、衣は一見しただけで認識を共有でき、自らのファッションを他者も同様に認識するため、消費の行動にデモンストレーション効果[注1]や依存効果[注2]が生じやすい。そこで、自分のライフスタイルに合わなければすべて入れ替えることもありうる。だからこそ、少しの変化も見逃さないで取り込もうという姿勢も生まれる。食の場合も流行が生じるが、味覚に合わなければ定着しない。例えば、家庭に洋風料理が定着するには、適した食材が大量に安価に供給される必要があり、食品産業の発達や地球規模の流通の整備が必要となる。家庭に電気・ガス・水道がいきわたる必要もあり、戦後の日本はこれらが整ったことで一気に洋風料理が各家庭に定着した。しかし、現代の大衆消費社会では消費が均質化するため、逆に「差異」が重視される。近年はメディアを媒体とする料理情報は増大の一途を辿っているが、味覚は家庭の文化の中で構築されるところがあり、社会の全員が同じ評価をすることはありえない。食の情報化の進展がライフスタイル変容の一翼を担っているといえるが、個々の現象は短期的で小さな変化に過ぎない。

　住の場合は超耐久消費財であり、衣や食と異なって非常に高価なため、住宅を頻繁に住み替えることは難しい。そこで、選択の場面では保守的になる傾向にあり、急激な変化や、従来とまったく異なるものは志向されがたい。そうした中でも「すまいの風潮」は社会変動に対応して変化してきた。三村（1989）は「すまいの風潮戦後史」として、10年ごとの傾向を示している。ここには当時をふまえながらその先を予見して1990年代まで示されているが，その傾向どおり展開してきた。そこでこれにならって、その先2000年代以降を付記

注1　消費者の行動を示す理論の一つで、他者の真似をするという消費行動に導かれる影響をいう（デューゼンベリー，1964）。自分が所有するものを優越した商品やサービスを他者から提示されたことで、自分も同じものを所有しようとする。これが多くの人に同時期に働いた場合、社会の風潮や流行を引き起こす要因になる。

注2　消費者の行動を示す理論の一つで、消費者の欲望が生産や流通の過程に依存しており、宣伝や販売術によって商品への欲望が新たにつくり出される現象をいう（ガルブレイス，1970）。例えばアイドルのコマーシャルを見たことで必要としていなかったものまで買ってしまうように、裕福な社会においては、不自由する物がなく何が不足しているかわからない人に対して宣伝が有効に働くという。

表 2-1 住まいの風潮戦後史

年代	すまいの風潮	背景・効果
1950 年代	住生活の合理化	封建しきたりの打破
1960 年代	アメリカ式生活様式	耐久消費財
1970 年代	マイホーム主義	持ち家主義政策
1980 年代	リビング感覚	住まいの商品化
1990 年代	住文化の創造	住み手が主体に
2000 年代	住文化の選択	住まい方の多様化
2010 年代	住み替えの定着	多様化の進展

三村（1989, p.36）に加筆して作成

するとしたら「2000 年代／住文化の選択／住まい方の多様化」といえるのではないだろうか（表 2-1）。さらに 2010 年代は「住み替えの定着」がみられるようになったことで「多様化の進展」と指摘できよう。

　こうした戦後に辿ってきた住まいの風潮は、その中で暮らす家族関係の変化とも関連してきた。例えば、伝統的な家父長の格式を守るといった封建的な住習慣から解放されることで、家族の生活要求や個人の主体的な住意識に応じた住まい方が実現したと考えられる。近世・近代における食事の場面では、家長と長男は座敷で個人膳、妻と他の子どもたちは別室といった光景がみられ、家族の中で家長とその後継者である長男が特別な存在であることを実感させる。こうした日常の食事場面を通して、家長にとっては長男と他の子どもたちとのコミュニケーションが必然的に異なっていたと推測され、長男は他のきょうだいたちとは異なる関係であることを自覚させられていたと考えられ、さらに家長と妻の関係も対等ではないと痛感されていたと考えられる。しかし、生活の洋風化によってテーブル・椅子式の食堂となり、食事の場面では家族が一緒に食卓を囲むようになり、あるいは茶の間で家族一緒に卓袱台を囲む食事となる。家父長を頂点とする封建的な家族関係から、平等で民主的な関係への転換を如実に物語っている。しかし、その後、生活の合理化や寝食分離論から独立した食事室が設けられてダイニングキッチンが登場する。都市化と経済の高度成長

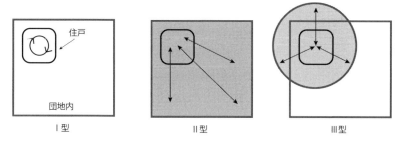

図2-1　団地居住者の社会的ネットワークの形（岡村，2019）

の下でモダンリビングが注目され、さらに個室重視へと転換するのである。こうした変化の中で、茶の間・卓袱台の消失は「家族は一緒」から「家族でもプライバシー確保」へ向かわせ、家族のコミュニケーションは湿的コミュニケーションから乾的コミュニケーションへと変質していった。また、建てるものから商品としての住宅を買うものへという変化は、地方色豊かな住宅から全国画一的な住宅へという大きな変化をもたらしたのである。伝統的な住居はまさに伝統や規範や習慣に基づいてつくられてきたが、戦後は新しい家族像に合わせた住宅がデザインされるようになった。日常の主たる生活空間である住宅の変化は、ライフスタイルをも大きく変えてきたのである。

　このように辿ってくると、地域社会との関係性も大きく揺らいできたことが容易に推測できる。都市部の新しい家族像やニュータウンのライフスタイルと、伝統的な意識が根強く残る地方のライフスタイルの差異は拡大し、地域との日常的なかかわり方も大きく異なる（図2-1）。団地や集合住宅の建設によって、地域のライフスタイルに影響を及ぼすことも多かったと考えられる。

2. 個室の使い方にみる家族のライフスタイル

　序章で述べたように、日本の伝統的住まいにおいては、「ウチとソト」の境界があり、「ウチ」の中には部屋ごとの境界が流動的で曖昧であると指摘されている（中根，1972）。個室と共通の場の考え方に着目して家族の伝統的な居

住空間の使い方を特徴づけると、各自それぞれの個室にいることが基本となるイギリス式、各自の個室があるものの家族共有空間にいることが基本となるインド・イタリア式などに対し、日本式は各自の個室と共有空間の区別がなく家族が一か所に集まっていることが基本であり、住戸内を自由に移動する特異なスタイルであるといえる。

こうした特徴を持つ住まいに洋風化の風潮が持ち込まれ、伝統的な日本の住宅の改善が図られた。住宅金融公庫による「住宅供給に関する指針」をみると、昭和30年代（1955〜64年）には居室に独立性が現れ、夫婦と子どもの寝室の分離を方向づけた。昭和40年代（1965〜74年）には、量から質への転換、一人一部屋時代となり、子ども部屋は自立を育む必須の空間と見なされ、受験戦争の激化とともに「勉強部屋」として確保された。昭和50年代（1975〜84年）には「子ども部屋論争」が起こり、住宅の専門家に加えて社会学や教育学の専門家を巻き込んで、しつけや子育ての方針まで含んだ論争が展開された。

すなわち、1960年代には「子ども部屋」が注目されるようになり、鍵の掛かるドアで仕切られた個室が登場し、1980年代には商品化された住宅の間取りとして一般に普及した。空間構成としては当時に想定された洋風に近づいたが、個室と共通の場の使われ方は必ずしも変化することなく、伝統的な住まい方を踏襲する傾向にあった。個室を個人の名称で呼ぶのではなく、「客間」「仏間」「勉強部屋」などのように機能を示す名称が、部屋の名称として変わることなく使用されている。そうした中で、従来とはタイプの違う個室である「子ども部屋」が登場したのである。襖や障子ではなくドアと壁で囲まれて鍵の掛かる個室である。文化の型から捉えれば、ソトと厚い壁で仕切られて一つの部屋として使っていた家の中に、鍵のあるドアで仕切られた一つの部屋がつくられたことになる（図2-2）。家の中にさらに「ウチとソト」が形成されてしまったのである。

子どもの発達過程から本来の個室の意味を捉えれば、自己のテリトリー形成、自我の確立に重要となるものであり、成長が促されるという面がある。使い方から捉えれば、子ども自身の所有ではなく住宅の所有者のものであり、本来親

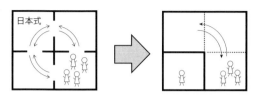

図2-2 個室の登場による共通の場の変化（中根，1972，p.101 に加筆して作成）

には子ども部屋に入る権利がある。しかし、現代の日本にあっては「子ども部屋」か「勉強部屋」かという議論が曖昧なままに、反抗期の盛りに子ども部屋を与えて籠城される結果を招いたり、子ども以外を入室させないことで子ども部屋がブラックボックスと化すという思わぬ結果を招くことがある。家の中で最も広く豪華なリビングルームが有効に活用されていない傾向があることもふまえると、現代の住居はさらに使いこなす必要があるのではないか。

　「共通の場」の使い方とその概念について、中根（1972）は「長い間の習慣によって形成された人間関係のあり方にかかわってくるために、すなわち、個室はあっても「共通の場」がなかなか形成されない」と指摘している。すなわち、個室が登場しただけでは必ずしも共有空間の使い方が変わることにならないのである。では、こうした日本文化の特徴が、居住空間の現代様式への変化に伴ってどのように変容しているのか、あるいは変容しないのだろうか。

　現在の集合住宅の住戸の間取りをみると、民間による分譲マンションの住戸には個室分離型が多いが、建築家が提案する住戸には居間中心型が多いとされ（花里・篠崎，2006）、大量供給された画一的な住宅の中で居住実態としては居住主体の家族は多様なタイプがあることが知られている（伊東・高田，1998）。また、nLDK という形状を見直すことで開放的な家族交流スペースを持つ家族共生型の空間構成の提案もされている（滝澤，2000）。こうした中で可変型集合住宅が登場し、居住者が間取り変更して住みこなすことで居住者家族のライフスタイルを具現化できるとして注目された（川村・初見，1997；大橋・小谷部，2006）。

3. 可変型住戸の住みこなしにみる家族のライフスタイル

　可変型住戸への入居時のセルフコーディネートやその後の住みこなしのパターンには、家族のライフスタイルが現れると考えられる。2007（平成19）年に実施した可変型集合住宅を対象とした調査結果から、個室の使い方の実態に注目して家族のライフスタイルの一端をみてみよう（時岡，2008）。この調査は住戸空間の使い方アンケートと、モニター調査として入居前の住宅および入居直後・1年経過時の住みこなしプロセス調査を合わせて実施したものである。対象とした集合住宅の世帯主は常勤者が9割、家族構成は9割が核家族世帯で7割は末子が乳幼児であり、結婚や子どもの出産を機に住み替えるという現代の一般的な住み方の一例といってよいだろう。

　まず、開放的なLD（リビングダイニング）空間の間仕切りの状態をみると、「戸などで時々仕切る」「仕切りをせずに使っている」に二分され、ほとんどリビングで家族が一緒に過ごしており、可変型住戸の特性を生かした開放的な使い方を実現している。子ども部屋は、それぞれに個室があるか、きょうだいで一つの個室となっており、子どもの成長に合わせて個室に仕切るなどの改変を計画している。個室の場合も過半数が「戸を開けて」使用しており、隣接するLD空間と合わせて開放的に使用されている。

　こうした個室と共用空間の使い方を、家族の過ごし方と対比してみると、特徴的な三つのパターンを抽出することができた。

　①共有空間中心タイプ　共有空間を中心として、だいたい家族が一緒に過ごしている。個室はあるが開放的なリビング空間の延長として空間を共有している。

　②なんとなく共有タイプ　住戸内でそれぞれが少し距離を保ちながら、なんとなく一緒にいると感じる過ごし方をしている。日常はリビングにいるものの各自お気に入りの場所で、子ども部屋も個室はあるが戸を開けて使用している。

③個別空間中心タイプ　個室が独立したものとして使われ、各自の個室にいることが多い。LD 空間で一緒にいることはあまりみられず、家族が空間を共有して過ごすことが少ない。

　なお、これらはファミリーライフステージとの関連で捉えることも可能である。家族のコミュニケーションのあり方を考慮すると、育児期は「共有空間中心タイプ」、子どもの成長に伴って「なんとなく共有タイプ」、子どもの独立期が近づくにつれて「個別空間中心タイプ」へと変化していくことが考えられる。可変型住戸の特性を生かした使い方によって、家族の過ごし方が特徴的に現れるといえる。

　また、家族による住みこなしに注目すると、特徴的な三つのパターンが抽出された。

①家族で一緒に住みこなし　日常生活はリビングで家族一緒に過ごす時間が多く、共用空間の家具等の購入や配置も家族で相談して決定する。

②妻・母が整える家　日常生活では家族が揃うことが少なく、共用空間のしつらいはすべて妻あるいは母が整えており、家族の日常生活に夫や父の登場する場面が少ない。

③個別エリア優先、プライバシー最優先　家族が揃って在宅することが少ない。共用空間のしつらいにも役割分担がみられ、家族が相談して決定する場面はほとんどない。

　先に挙げた、個室と共有空間の使い方のパターンと組み合わせると、共有空間中心タイプ×家族一緒に住みこなし、なんとなく共有タイプ×妻・母が整える家、個別空間中心タイプ×個別エリア優先、プライバシー最優先、といった類型がみえてくる。しかし、家族の発達過程に伴ってこのように変化していくとしたら、育児期には各自の個室と共有空間の区別がなく家族が一か所に集まる伝統的な使い方であり、やがて子どもの成長に伴って住戸の中に個室という厚い壁で仕切られた空間をつくり出しているとみることができる。二番目のタイプはこれらの移行期にあたると考えられないだろうか。すなわち、必ずしも新たな個室と共用空間の使い方が形成されたのではなく、伝統的な日本文化と

して指摘された個室と共通の場の使われ方が踏襲されているといえるのではないだろうか。

　住宅やその間取りや使い方は、経済的状況や地域文化など多彩な影響の下にあるため、家族の状況だけで決定されるものではない。個室と共用空間の使い方、その変化の実態について、文化の観点からもさらに追究が必要である。

4. 集合住宅の共有空間の使い方にみるライフスタイルの変化

　少子高齢化の進展を背景として、育児支援型やセルフコーディネート型など新しい住まい方が注目されている。2000年代には、分譲マンションに託児室や共有室や屋外の共有スペースを確保して居住者が共同で管理し使用する集合住宅や、住戸空間に間仕切りをなくして居住者の空間づくりを前提とする間取りや、子どもの成長に合わせて個室を増やすことを想定した可変型住戸などが登場し、家族のファミリーライフステージの進展に配慮した空間づくりが求められている。

　こうした可変型住戸で子育て支援型の共有空間を持つ分譲マンションに注目して、入居直後と2年後の使われ方を分析することで住まい方が定着していく過程を辿ってみよう（時岡，2009）。対象とするのは2006（平成18）年入居の育児支援型分譲マンション2棟で、2008（平成20）年に居住者アンケートと共有ルームの観察調査を実施した。2棟とも管理人が常駐、共有ルームと遊具を備えたプレイロットを有し、合計62戸が入居しており各住戸内は可変型、1戸あたりの平均専有面積は86.0㎡である。なお、世帯主の平均年齢37.4歳、親子を含む核家族が8割、末子乳幼児期が6割を占め、子育て支援型住宅の目的に合致している。

　可変型住戸の使われ方をみると、入居直後は仕切りをしないか時々仕切るという開放的な使い方で、2年後にも閉鎖する傾向は発現しない。家族はふだんリビングで過ごすことが多く、子どもが小学校高学年や中学生でも家族一緒に過ごす場面が多くみられた。子ども室はファミリーライフステージの進展に

伴って個室やきょうだいの子ども室が増えていくが、いずれも簡単な仕切りが
あるものの開けて使用することが多い。このようにリビングの開放的な使われ
方によって、家族はリビングで一緒にいることが多くなり、子どもたちは家族
とのつながりを確保して過ごしている。これは、先に述べた日本文化の型で示
した、部屋ごとの境界が流動的で曖昧であるという伝統的な使い方と共通して
いるのではないだろうか。世帯主や配偶者の年齢層と居住歴から、「田の字型
住宅」などの伝統的間取りでの居住経験はほとんどないと思われるが、こうし
た斬新な間取りとして提案された住戸で、日本文化の型と共通する使われ方に
なっていることに注目したい。

　共有ルームの使用頻度からは、入居後、徐々に使用頻度が高まり、使いこな
していく様子がうかがえる。入居直後は「行ったことがない人は行きにくい」
傾向があったが、棟内のイベントを契機として定期的に使用する人が増え、子
どもだけで、あるいは母子でよく利用されている。ただし、子どもがいないか
中学生以上の世帯はほとんど使用しておらず、次第に利用者のファミリーライ
フステージが特定される傾向にある。共有ルームの利用者数は、平日・土日と
も15時頃から増加し18時以降にほとんどが帰宅していく。利用する集団は
2〜3人か5〜6人グループが多く、最大20人程度が在室することがある。
平日はひとり遊びや宿題が多いが、土日には集団遊びやゲームなどが多く、あ
とから来室した子どもや別グループが合流して一緒に過ごすという場面も多く
みられた。このような共有ルームならではの使われ方が浸透すれば、先に述べ
たような「共通の場」がライフスタイルとして定着するのではないだろうか。

5. 生活空間を主体的にアレンジしていくという住まい方

　かつて住宅は家族が代々住み継いでいくものであり、家を建ててはじめて一
人前と見なされるものであったが、現代は商品となった住宅を選択する超耐久
消費財になった。多くの場合、すでに出来上がった戸建て住宅やマンションに
入居して暮らすことになる。前述したように、時間をかけて住みこなすこともで

きるが、間取りや構造を改変することは難しい。そこで、多くの場合は住戸として提案された住まい方を踏襲することになる。モデルハウスやモデルルームに展示されたインテリアを参考に、家具やその配置を決めることが多い。とはいえ、本章で示したように、生活空間が家族のかかわり方を決定づけることもある。標準家族を想定して提示された住まい方が、すべての家族にうまく当てはまることにはならない。住宅を選択する主体性に加えて、その住宅や住戸を主体的にアレンジしながら住みこなしていく必要がある。リフォームや間取り変更などの技術がますます向上している昨今、その家族に最適な住まい方を主体的にアレンジすることができるし、そうした主体性を問われているのではないだろうか。

　さらには、生活空間としての地域、近隣とのかかわり方の再構築が必要ではないか。商品として提供された住宅が近隣との関係づくりを想定した構造になっていたとしても、住みこなす過程で期待される効果が現れるとはかぎらない。逆に、住み手がより良い住空間をつくっていくという方向もあるのではないか。例えば伝統的住宅に備わっていた縁側は、家族と近隣の人々が結びつく場となり、近所づきあいが育まれていたが、こうした住文化は失われた感がある。しかし、そうした住文化を経験してこなかった若年層でも、近年では古民家に郷愁をおぼえ、古民家カフェや民泊が好まれる傾向にあり、古民家への移住も増加している。戦後、2DK の公営住宅、木造賃貸アパートから現在の分譲住宅やタワーマンションに至るまで、短期間に住様式や暮らし方の急激な変化を経験してきた。今後も生活の多様化に応じて、多彩な住宅が商品化されて提供されるだろう。住み手の選択が問われる現代、何となく住んでいる住宅や地域の住環境を見直すことから始める必要がある。

6. 生活時間構造にみる現代のライフスタイル

　ライフスタイルの変容は時間の使い方にも現れている。私たちのふだんの日常生活は、起床から就寝までを 1 日と認識し、その繰り返しによって生活を営んでいる。1 日をどう過ごすかは 24 時間をどう使ったかに現れるため、時間の

使い方に着目することでライフスタイルの一端を読み取ることができるのである。

たとえば、睡眠時間は就寝（入眠）時刻と起床時刻から捉えることができ、規則性や法則性があることが知られている。必要な睡眠時間を確保するためには、就寝・起床時刻だけでなく当日の過ごし方や前後の日の時間の使い方まで検討する必要がある。すなわち、生活は構造的なものであり、前日の労働過多が翌日の睡眠時間の延長をもたらすことはよく経験することである。

労働・休養・余暇のバランスに注目して生活構造を把握する研究は、日本でも戦前からおこなわれてきた（籠山，1943）。労働力（身体のエネルギー消費）の消費・補給の関係から1日の生活時間を捉えると、現代は労働時間が増加したために休養時間も増加し、労働力消費増に加えて労働力補給減をもたらしていることがわかる。日常生活においては、労働時間が長時間化すると身体のエネルギー消費が増えて疲労していると実感されるが、実は身体のエネルギー補給の減少も生じているため、疲労は一層増していることになる。これは1日のバランスに着目することで明らかになる効果である。

時間の面から生活実態を捉える生活時間研究では、1日24時間のうちそれぞれの行動に費やした時間を合計して捉えている。1940年代から、おもに生活改善の資料を得るため、社会学、経済学、家政学、労働科学など多様な領域で実施されており、NHK放送文化研究所「国民生活時間調査」、総務庁「社会生活基本調査」がよく引用される。おもな行動内容として、生理的生活時間（睡眠や食事など）、収入労働時間（勤務や通勤など）、家事労働時間（炊事や掃除）、自由時間あるいは社会的・文化的生活時間（趣味やテレビ視聴など）として捉えられ、詳細は調査目的によって異なる。

「NHK国民生活時間調査」は、第二次世界大戦下の1941（昭和16）年に日本軍の要請によって国民の行動を知るために実施され（(社)日本放送協会，戦時下国民生活時間調査）、その後、1960（昭和35）年からは5年に1度、NHK放送文化研究所が定期的に実施している。睡眠、労働、家事、食事、テレビ視聴、インターネット利用などの行動項目ごとに、行為者率、平均時間などをみることができ、日本人の生活実態を「時間」という尺度で捉えることができる。現

在の日本人の生活実態はどのようか、時代とともにどのように変化してきたかなどが調査結果から明らになるため、当初の目的である NHK の番組編成に役立てるだけでなく、日本人の生活実態を明らかにする基礎データとして広く活用されている。自記式で想起法によるという調査方法、15 分刻みでおこなう集計方法、行動項目の変化などの限界はあるものの、ほぼ同様の調査方法で継続実施されているため、日本人のライフスタイルを知る貴重なデータである。

7. 「NHK 国民生活時間調査 2020」に表れた生活時間の特徴

2020（令和 2）年に実施された「NHK 国民生活時間調査 2020」のデータから現在の生活時間の特徴をみてみよう（NHK 放送文化研究所，2021）。なお、2020（令和 2）年の調査は 10 月 10 日（土）～ 18 日（日）の平日 2 日と土曜・日曜各 1 日、連続する 2 日ずつ 4 回に分けて実施、各回の 2 週間後には同じ曜日の予備日を設けている。起床から就寝までの行動を所定の用紙に記録するもので、全国の 10 歳以上のうち住民基本台帳から層化無作為 2 段抽出による 7,200 人を対象としておこない 4,247 人（59.0%）の有効票を得ている。2015（平成 27）年まで配付回収法で実施してきたが、新型コロナウイルス感染拡大の状況に鑑み今回は郵送法で実施され、配付回収法、郵送法ともに「自記式調査」である。

集計にあたっては、行動の項目別に費やした時間、行為者率（その行動を 1 分でもおこなった人の割合）、行為者平均（行為者だけを抽出して平均時間を算出したもの）を算出し、行動の大分類として生活必需行動（睡眠、食事、身のまわりなど）、拘束行動（仕事、通勤、学業、家事など）、自由行動（趣味、テレビ、休息など）のいわば労働・休養・余暇という三分類で示されている。これによって、1 日をどのように過ごしているか、労働・休養・余暇のバランスはどうか、その実態が明らかになる。

2020（令和 2）年の生活時間構造をみると（表 2-2）、1 日の 4 割以上を「睡眠」「食事」などの生活必需行動に、3 分の 1 を「仕事」や「学業」などの拘

表2-2　2020年の生活時間構造（単位：時間：分）

	平日	土曜日	日曜日
必需行動	10：14	10：58	11：01
拘束行動	8：19	5：46	5：14
自由行動	4：46	6：33	7：00
在宅	15：09	17：28	17：17
起床在宅	8：31	10：15	10：05

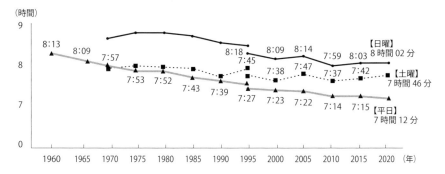

図2-3　睡眠時間の1960年から2020年までの変化（NHK放送文化研究所，2021より筆者作成）

束行動に費やしている。土日には拘束行動が減少し、自由行動が多くなる。「睡眠」も平日に比べて日曜は50分長くなる。

　なお、1960（昭和35）年からの動向として、睡眠時間の減少、仕事時間の増加、自由時間の増加が続いていた（図2-3）。仕事時間も自由時間も増加させたいために睡眠時間の減少をもたらしており、多忙な現代生活の一側面が表れていると指摘してきたが（横田・時岡，1996）、今回の結果ではコロナ禍における働き方の影響のためか仕事時間の減少がみられ、睡眠時間は変化がみられなかった。特に睡眠時間は2010年調査からほとんど変化がみられず、7時間強で下げ止まっている。自由時間は平日30分程度増加し、土曜日1時間30分程度増、日曜日1時間10分程度の増で、増加の一途を辿っている。すなわち、自由時間を確保するために、睡眠時間の増加には至らなかったことがうかがえる。

また、これまでの変化の動向が加速した面もあり、男性の家事時間は平日・土曜・日曜のいずれもさらに増加し、平日に1時間を超えたことは特に注目したい。男性は、仕事時間が多いほど家事時間が少なく、平日の仕事時間が10時間を超えると家事をする人は3割未満となる。他方で、女性も平日に家事時間が増加しており、男女差は縮まらなかった。特に、未就学児の子がいる女性は子どもの世話にかける時間が非常に長く、2015（平成27）年から2020（令和2）年にかけてさらに増加した。拘束行動時間の中で仕事と家事時間がせめぎ合っているようである。

8.　ライフコースと生活時間の変化

　生活時間研究では、世代別の特徴を読み取ってライフコースや生活設計の参考にすることが多いが、そのとおりの人生を歩むことはないと思われる。社会や生活状況の変化は加速するもので、個人の生涯を考えれば、若者が高齢者となるまでに生活をめぐる状況はあまりに大きく変わっていく。そこで、ライフステージに沿って、例えば現在の高齢者がこれまでどのような生活時間構造であったか、それがどのように変化してきたかを検討する必要がある。

　NHK国民生活時間調査が開始された1941（昭和16）年に20〜30歳であった世代が、その後、どのような生活時間を経てきたかライフステージに沿って比較すると図2-4のように示される。これによると、社会生活行動（現在の拘束行動）に最も長く費やしているのは中年期ではなく青年期であったことがわかる。また、生活必需行動は加齢に伴って徐々に増加したこと、自由時間行動は高齢期になって急増したことが読み取れる。1990（平成2）年当時には高齢者の余暇の過ごし方が注目を集めたが、高齢期になって急に余暇時間が増え、しかも人生ではじめての長い自由時間をどのように過ごすかが社会の関心事となったのである。このように、個人のライフコースとして捉えると、睡眠時間のようにエイジングに伴って変化する行動がある一方で、高齢期になって急激に変化するという部分がある。現在の高齢者もこうした変化を辿っているのだ

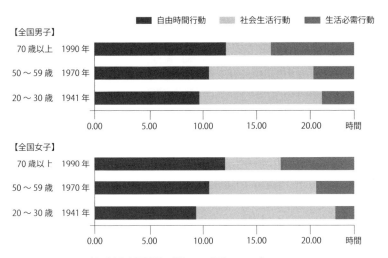

【全国男子】

| | | 自由時間行動 | 社会生活行動 | 生活必需行動 |

| 70歳以上 1990年 |
| 50～59歳 1970年 |
| 20～30歳 1941年 |

0.00   5.00   10.00   15.00   20.00   時間

【全国女子】

| 70歳以上 1990年 |
| 50～59歳 1970年 |
| 20～30歳 1941年 |

0.00   5.00   10.00   15.00   20.00   時間

図2-4　ライフステージと生活時間構造（横田・時岡，1996）

ろうか。現在の60代以上について、30年前と比較して世代別・性別・曜日別の変化をみると、全体としてはエイジングに伴って生活必需行動の時間が増加し、社会生活などの拘束行動の時間が減少、自由行動の時間が増加している（図2-5）。特に男性でその傾向が顕著にみられ、20～50代ではさほど大きな変化はないが、60代になると変化がみられるようになり、70代以上では大きく変化しており、仕事のリタイアの影響が読み取れる。なお、同様にして20～50代の比較をみると、自由行動の時間が平日だけ20代の方が長くなっている。女性は比較的変化が小さいが、徐々に変化が現れ、やはり70代以上でどの曜日も生活必需行動と自由行動の時間が長くなる。また、いずれも土曜日の変化が大きい傾向にある。

　先に挙げた1990年までの変化では、高齢期になって急激に生活時間構造が大きく変化したが、最近30年間ではそこまで急激な変化は現れていない。第1章で示した平均寿命伸長のカーブが、1950～1990年代にかけて顕著であり、2000年代からは緩やかになったことが背景にあると考えられる。現役世代の長時間労働が改善されたこと、高齢期になっても仕事をする人が増加したことなど、働き方やリタイア後の過ごし方の変化をもたらしたといえよう。

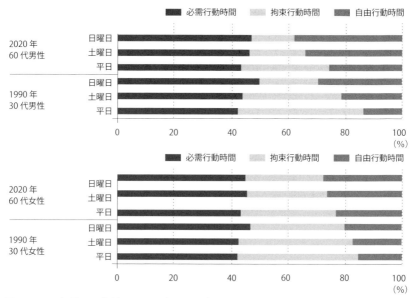

図 2-5　30 年前との比較による現在の 60 歳代の男性・女性の生活時間の構造（NHK放送文化研究所，2021）

9.　生活時間構造の変化と社会参加

　最近 30 年間の変化について、社会参加の行為者率と行為者平均時間を取り上げる（図 2-6）。社会参加の行動内容は 2020 年調査では「PTA・地域活動・冠婚葬祭・ボランティアなど」であるが、1990 年調査では「自治会活動・冠婚葬祭など」となっており、30 年間に自治会活動が少なくなって地域活動に一括されたことや、ボランティア活動が増加したことなどがうかがえる。

　データをみると行為者率、行為者平均時間とも全体として増加したとはいえず、逆に行為者平均時間が減少傾向にある。男性は 20 代・30 代で比較的長かったが、60 代・70 代以上では行為者率が高まった。女性は中高年層になって減少する傾向がみられた。社会生活基本調査等にみられる「ボランティア活動の増加」と照らし合わせてみると、1 年に 1 度でもボランティア活動に従事した人の割合は 10 代と 30 代で減少傾向にあるが、中高年齢層ではほぼ横ばい

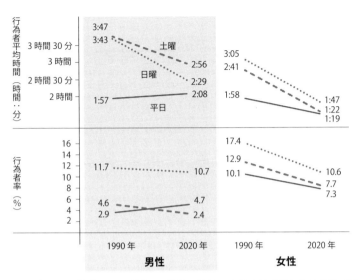

図2-6　30年前との比較による現在60歳代の男性・女性の社会参加率と行為者平均時間の変化（NHK放送文化研究所，2021より筆者作成）

であることから、活動の中身が変化していることが考えられる（図2-7）。従来の自治会活動からボランティア活動へ、中心となる活動内容がシフトしているのではないだろうか。

　そこで、自由時間の中で社会参加へ向かう工夫、あるいは仕事の一環としての社会参加に挑戦する工夫など、具体的な検討によって行為者も平均時間も増大させる可能性があると考えられる。NHK国民生活時間調査における「社会参加」の行動項目は、当初の「自治会活動、冠婚葬祭など」に加えて「PTA、地域活動、奉仕活動など」が表記され、さらに「奉仕活動」が「ボランティア活動」に変更された。これらが現在も「拘束行動」に分類されている。近年に話題となっているPTA活動の参加率減少や活動の低下をふまえれば、従来の自治会活動やPTA活動に費やしていた時間が他の地域活動やボランティア活動に代わってきたとみることができる。割り当てられた自治会活動や順番で回ってきたPTA活動ではなく、自らが選択して自主的に活動するボランティアに対して意欲が高まっているのではないか。このため、「拘束行動」として

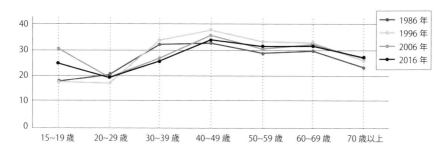

図 2-7　年齢別にみたボランティア行動者率の年次変化（総務庁，各年の「社会生活基本調査」より筆者作成）

の社会参加というよりは、「自由行動」としてのボランティア活動が考えられるのではないだろうか。仕事と自由時間を調整する中で、こうした性格を持つボランティア活動の時間が現状ではあまり増加していないことから、今後は増加することが期待できる。

　本章では、現代のライフスタイルについて時間・空間の使い方に着目して検討してきた。さらに生活全体を把握するには、家族を中核とする人間関係や生活経済の面を扱う必要があり、ライフスタイルの検討には生活意識や価値観の言及が不可欠である。さりながら、1日という時間の使い方や住居を中心とする住まい方には、それらを含んだ日常生活の様相が現れている。そこで、現代のライフスタイルの変容を住まい方や生活時間構造の変化から捉えると、社会参加の意味や活動が変化したことが明らかにされた。住まい方の検討からは、家族に最適な住まい方を主体的に工夫することや生活空間としての地域や近隣とのかかわり方の再構築を図るなど、住環境を見直すことから主体的により良い住空間へ関心を高める必要があることを示した。生活時間構造の検討からは、仕事と自由時間のバランスの中でそれぞれの時間をどう確保するのか、そのやりくりが求められていることが明らかになった。社会参加に意欲はあるが行為者率は低く、社会参加の時間も増大していないため、活動に参加しやすい工夫が必要であるといえよう。今後さらにライフスタイルの主体的アレンジが実現できるなら、社会参加はさらに身近なものとなり、まちや地域への関心が高ま

ることにつながるのではないだろうか。そこで、次章では、「まちづくりマイ
ンド」の醸成について考えたい。

▶文献

デューゼンベリー, J. S., 大熊一郎（訳）（1964）. 所得・貯蓄・消費者行為の理論　改訳
　　版　巌松堂出版

ガルブレイス, J. K., 鈴木哲太郎（訳）（1970）. ゆたかな社会　第2版　岩波書店

花里俊廣・篠崎正彦（2006）. 個室分離型から居間中心型への移行の可能性 —— 建築家の提
　　案する集合住宅住戸の間取りの分析から ——　日本建築学会学術講演梗概集, 2006, 67-68.

伊東康子・高田光雄（1998）. 戦後日本における「家族と住居の近代化」に関する研究 ——
　　千里ニュータウンにおけるケーススタディ ——　日本建築学会計画系論文集, 514, 71-78.

川村真一・初見　学（1997）. 可変型住宅における間取り変更の実態　日本建築学会学術講
　　演梗概集, 1997, 147-148.

籠山　京（1943）. 国民生活の構造　長門屋書房

三村浩史（1989）. すまい学のすすめ　彰国社

中根千枝（1972）. 適応の条件　講談社　pp.98-109.

NHK放送文化研究所（2021）. 2020年国民生活時間調査　日本放送協会

大橋寿美子・小谷部育子（2006）.「スペラール砧」における間取り変更の実態 —— 家族の
　　移行に対応した可変型住宅に関する研究その1 ——　日本建築学会学術講演梗概集, 2006,
　　85-86.

岡村圭子（2019）. 団地へのまなざし —— ローカル・ネットワークの構築に向けて ——
　　新泉社

総務庁（1986, 1996, 2006, 2016）. 社会生活基本調査報告　総務庁統計局

滝澤　隆（2000）. 民間分譲集合住宅における「家族共生型」の新標準住戸プランの開発
　　日本建築学会技術報告集, 10, 189-192.

玉光祥子・藤田慶子・入澤敦子・高橋浩介・小林秀樹（2014）. 子育て家族向け賃貸集合住
　　宅における1年後居住実態と評価 —— 子育て共感賃貸住宅「母力むさしの」の事例を通
　　して　その2 ——　日本建築学会大会（近畿）学術講演梗概集・建築デザイン発表梗概集,
　　2014, 1129-1130.

時岡晴美（2008）. 居住空間のセルフコーディネートからみた現代家族のライフスタイル変
　　容 —— 育児支援型集合住宅における可変住居を事例として ——　香川大学教育学部研究
　　報告第1部, 130, 37-45.

時岡晴美（2009）. 現代家族のライフスタイルからみた子育て支援型マンションの効果と課
　　題　日本建築学会四国支部研究報告集, 9, 73-74.

横田明子・時岡晴美（編）（1996）. 生活シミュラークルへの展開 —— 現代の生活経済学総
　　論 ——　同文書院, p.41.

第3章
地域の教育力と「まちづくりマインド」の醸成

1. 地域の教育力へのまなざし

　序章で、地域の教育力が潜在化してきたのであり、日常生活の中にこれらを生かす取り組みを増やすことで顕在化できると述べたが、加えて注目したい点は、地域の教育力への関心が近年ますます高まっていることである。この章では、地域と学校の関係に注目しながら地域の教育力について再考していく。地域と学校が協働する実際の取り組み事例を参照しながら地域の教育力を示し、そうした地域活動への参画が「まちづくりマインド」醸成に資することを示したい。

　これまでも全国の地域において多彩な活動が展開されてきたが、その主体や活動内容も多様で、国の事業や取り組みを背景とするものも多い。そこで本章では、地域における高齢者や子どもを対象とするこうした取り組みに注目し、政策に描かれた地域と学校の関係の変遷を明らかにし、地域と学校が協働する活動事例を通して地域の教育力が顕在化していく過程を明らかにする。

2. 地域における高齢者・子どもを対象とする取り組み

　地域における子どもの活動は、従来から自治会や公民館、各種団体等によって多種多様に運営されてきた。近年、地域において安全で快適な子どもの居場所づくりが求められており、学校や地域施設を利用して特に地域教育に注目した取り組みが全国で実施されている。

例えば「放課後児童健全育成事業」は、保護者が就労などで昼間家庭にいない概ね 10 歳未満の児童に適切な遊びと生活の場を提供するためとして、従来の取り組みに比して地域の積極的な参画が欠かせないことが強調され、これらを通して地域社会全体で地域の子どもたちを見守り育む気運の醸成をめざして取り組まれている。2007（平成 19）年状況調査では、全国の 1,672 小学校区（29.3%）で実施され、参加した子どもは「地域の大人との交流が深まった」（47%）、「学校に行くのが楽しくなった」（48%）という（文部科学省, 2008）。子どもの居場所としての効果がみられるが、実施主体の都道府県等は今後の課題に「予算の充実」（81.4%）、「実施場所の確保」（80.0%）、「安全管理員等の新たな指導者の養成・確保」（78.6%）などを挙げており、特に教育的効果の拡充と継続実施に向けて課題が山積している。加えて、現在の子どもの教育環境を考慮すれば、対象を児童とするだけでなく中学生にもこうした対応が必要となっているといえよう。子どもを対象とした地域の諸活動と連携を強化するという動向は、地域の教育力を前提とするもので、子どもにとって多様な居場所が用意され望ましいことであるが、そのためにも地域の教育力を十分に発揮させる取り組みが求められる。

　こうした子どもを対象とした地域の諸活動を支えているのは現在ではいずれも高齢者が多く、放課後事業においてもスタッフである少数の保護者世代（30 〜 40 代）と活動を担当する高齢者（70 代が中心）で運営されている。高齢者にとっては、地域活動の一環としてだけでなく生涯学習発表の場でもあり、地域文化を子どもたちに伝承する貴重な場ともなる。参画することによって満足感や充実感を得られ、生きがい創出にもつながる機会となるものである（時岡, 2011）。

　高齢者の地域における活動主体として「老人クラブ」があり、戦後の草創期に国からの支援を受けて全国に設立されて高齢者の健康維持や奉仕活動を軸として発展してきた。2005（平成 17）年には「子ども見守りパトロール活動」を全国に呼びかけて実施するなど、「生活を豊かにする楽しい活動」「地域を豊かにする社会活動」として総合的に取り組んでいる（全国老人クラブ連合会ホー

ムページより）。しかし、近年では高齢者数の増加に反して老人クラブ数・会員数は減少の一途を辿っており（厚生労働省，2020）、活動の再検討や工法の工夫などによってさらなる魅力の創出が求められる。

　地域における高齢者対象の活動は、かつては敬老会に代表されるような高齢者を支援するものであったが、近年は社会貢献活動や福祉活動に重点が置かれる傾向にある。安全・安心のまちづくり活動や子どもたちとの世代交流を伴う活動は、高齢者自身にとってもやりがいがあり地域とかかわる貴重な機会として位置づくものである。子どもと高齢者がかかわる活動の機会は多彩に展開されていることから、現代のライフスタイルの特徴や世代差などを考慮して効果的に計画する必要があるだろう。

3．現代の地域と学校の関係

　近年、学校教育の危機といわれることがある。本来、学校は地域の拠点としても重要な存在であったが、安全のために学校を閉鎖するようになり、プライバシー保護のために地域に開かれる機会が失われた。加えて、保護者が学校の活動に無関心であったり、多忙なために子どもに十分なかかわりができなかったり、PTA が成立しないといった保護者の状況がある。他方で、地域からは、子どもの声がうるさいといった声や、放課後の子どもの行動に関する苦言など、様々な苦情が学校に寄せられるようになった。ライフスタイルの変化、家族の個人化によって、地域と学校がまるで対立関係に陥ったようにみえる現象さえある。このため、地域と学校の新たな関係づくりが必要とされているのではないだろうか。

　現代における子どもの生育環境について、家庭・地域・学校のかかわりに着目してその一面を図に示した（図3-1）。戦前まで明確にあった地域共同体は、家庭との相互維持関係にあり、学校行事と地域行事が連携するなど地域共同体と学校は協力関係を築いていた。第二次世界大戦直後にはアメリカに起こったコミュニティ・スクール運動の影響を受けて、カリキュラム改革の一環として

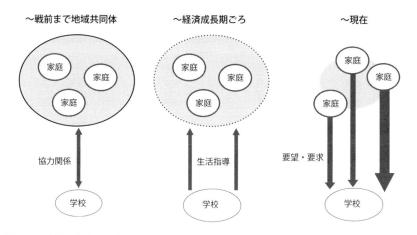

図 3-1　地域・家庭・学校のかかわりからみた子どもの生育環境

「地域社会学校」を設置した経緯もある。カリキュラムを地域の社会過程と社会問題の中心として位置づけ、地域の活動に参加し発展させるものとされたが、すでに 1950（昭和 25）年には批判や問題提起もあってその後減退し、1955（昭和 30）年以降の経済における地域開発、中央の政策による総合開発計画を背景として、学校は地域社会から遠ざかった（溝口，1980）。さらに、現代の核家族化の進展や現代的ライフスタイルへの変容により地域共同体が弱体化して実態が失われると、地域行事も縮小・弱体化して学校との連携も消失し、学校はもっぱら家庭へ生活指導するものとなる。やがて家庭から多くの要望が学校に向けられるようになり、家庭と地域共同体の協力関係が失われたことで、家庭からの要求の矛先は学校だけに向けられる。地域格差が拡大し続けている現状をふまえれば、特に、地域特性や学校の状況に合致した対策が必要となっているのである。

4.　地域にとって学校との協働

　従来、学校教育では社会科・家庭科や総合学習などにおいて、商店街や地域

の実態調査や課題分析をおこなっており、地域学習の方法論や教材としても工夫されてきた。しかし、実際の学校現場では教科それぞれが独立して展開され、まちづくりについて系統的に学習することはほとんどなく、残念ながら地域の全体像を捉えたり将来像を検討する機会となっているとはいえない。また、地域について学習し理解することが、まちづくり活動の主体になることと同じではなく、いわば、まちづくりの入り口に立ったところなのである。

　まちづくりの主体はそのまちの居住者であり、理想とするまちの将来像をイメージして共有することが重要となる。教科書や資料に描かれた理想像や、外部から与えられたり押し付けられた取り組みや開発は、必ずしも居住者が望む将来をもたらすとはかぎらない。逆に、居住者が望まないような高層マンションや遊戯施設の建設計画が明らかになって反対運動が起こり、これを契機として主体的なまちづくり活動に取り組むようになったというケースは全国に数多くみられる。すなわち、自分のまちの問題として捉えて、主体的にかかわる必要性を実感することによって自ら取り組む姿勢が生まれるといえるのではないか。さらに、こうした自分のまちの主体的なまちづくり活動を経験することで、地域における共助や相互扶助のあり方を考える機会となる。また、他の地域への関心も高まり、自然災害などの被災地の支援や、人口や家族構成の急激な変化による地域の課題などにかかわる契機ともなるものである。

　ここでは、特に中学校における地域と学校の協働活動に注目したい。小学校が地域と協働する例は前述のとおりすでに多くの報告があり、児童・PTA・自治町会・行政等が一丸となって取り組むまちづくりの実践例も紹介されている（高齢者まちづくり研究会，1977）。しかし、ほとんどの場合はおもに学校やPTA が企画運営し、児童は作業や役割を与えられて担当するかたちであり、児童が主体的に発案し大人と一緒に計画・実行することは難しい。しかし、中学生は発達段階からみて活動の企画や実践の主体や中心的存在になりうる。主体として大人と一緒に活動することで教育的な効果が期待でき、まちづくりマインドを育成するという観点からも、中学生は重要な時期と位置づけられよう。

　地域の側からみれば、小学校に比して中学校とのかかわりは少ない。家族に

よる送迎などの日常的な往来はみられず、保護者以外の住民が中学校を訪問する機会はほとんどない。しかし、高校よりは地域性が実感できる身近な存在といえる。近年は安全の観点から学校を閉鎖する傾向がみられ、特に中学校は地域と一定の距離を置く傾向にある。地域住民にとって中学生は理解しがたく、何をするかわからない怖い存在、近寄りがたい存在と捉えられることもある。駐車場や空地に数人が集まってしゃがみ込んでいる姿を見かけて、近寄らないように通り過ぎた経験をした人も多い。高齢者にとっては、地域や家族の中で他世代との交流の機会がないためにコミュニケーションの仕方がわからないという声も聞く。しかし、人間関係が構築されれば、親近感からも「良い子」「かわいい子」と評されることになる。地域に怖い存在がいると感じるのではなく、具体像として中学生が地域にいることが実感できれば安心感が高まる。また、中学生が持っている地域の情報、大人たちとは異なる視点を生かすことができる。地域住民の多くは現在の地域に居住し続けるのであり、中学生にとって地域は「故郷」となるものである。

　ところで、地域を捉える単位として小学校区とする考え方がある。都市計画法の地区計画が対象とする範囲、すなわち小学校区に相当する数 ha 〜 100ha 程度と捉えられている。しかし、少子高齢化や都市一極集中によりコミュニティが弱小化・弱体化した一方で、市町村合併によって空間の範囲が拡大した現在、小学校区より広い範囲でかつ生活実感が共有できる範囲としての中学校区を基本単位とする考え方が有効ではないだろうか。中学校区は一般的に複数の小学校区からなる広範なものであり、全体像を捉えにくい実情があるが、日常の生活圏からみれば小学校区で完結することは考えられない。職場や趣味のスクール、子どもにとっての塾やスポーツ施設、日々の買い物も近隣の市町や都市部を利用するなど、日常的に広範な移動を伴うライフスタイルが一般的となっている。従来、まちづくりの主体として、同一地域内で町内会や NPO や商業振興組合などのグループが独立的に活動している地域が多いが、これらを包括してより持続的な活動にするためにも中学校区は適当な範囲であると考えられる。

5. 政策からみる地域と学校の関係

　地域と学校の関係は、近年大きく変容しており、協力して活動する機会も増えている。ここではそうした活動に注目して、子どもや高齢者が参画する活動がもたらす成果を示したい。そこで、地域学校協働活動の事例を取り上げて具体的に検証するとともに、そうした成果の可視化を考えたい。

　まず、地域学校協働活動とは何か、この活動にみられる地域と学校の関係について整理しよう。

　前章で触れたように、少子高齢化の進展、地域コミュニティ弱体化を背景として、これまでも子育て支援策や放課後プランが検討されてきた。ボランティアとして地域住民の参画を得て、学校や地域施設を利用することで、地域社会全体で地域の子どもを見守り育むことを構想してきたといえる。子どもの居場所づくりのための活動は、学校を拠点として学校を中心におこなわれてきたが、実際の活動や現場の対応などは、おもに地域の諸団体や諸活動が担当してきた。当初は学校という場を借りて活動するケースが多く、学校が地域と協力する活動というより地域の高齢者の生涯学習成果の発表の機会と位置づけられて、社会教育の観点から推進されたという経緯がある。やがて子どもを対象とした地域の諸活動の充実を図り、徐々に学校との連携を強化する傾向が表れる。そうした中で、教員や学校の負担増が問題視されるようになり、地域と連携して活動する機会は減少していく。しかし、学校の荒れが顕在化し、教員の労働過重が指摘されたことから、学校を支援するための地域の組織を立ち上げることになった。これが2008（平成20）年に始まった「学校支援地域本部事業」である。

　当初は「学校を支援する地域のボランティア組織」という位置づけであったが、学校と地域の関係として、支援から連携へ、さらに協働へと展開していく。2015（平成27）年の中央教育審議会答申では時代の変化に伴う体制の構築の必要性やあり方に言及しており、めざすべきあり方として「地域とともにある学校への転換」「学校を核とする地域づくりの推進」の必要性を指摘している。

その具体策として、地域と学校の従来の連携体制を基盤としながら、新たな制度として「地域学校協働本部」を全国に整備することが示された。さらに「学校運営協議会」を設置してコミュニティ・スクールと位置づけ、これらを一体的に推進すると提言されたのである。2017（平成29）年には社会教育法改正により「地域学校協働活動推進員」を委嘱する規定が整備された。そして現在、全国で多くの学校運営協議会が設置され（コミュニティ・スクール）、同時に地域学校協働本部が設置されて地域学校協働活動推進員が配置されている。もちろん、従来からの学校支援地域本部が地域学校協働本部へと名称変更したケースも多い。

　このように、これまでの政策から経緯をみると、徐々に学校と地域の協力体制を強化してきたことがうかがえる（表3-1）。そうした協力体制をふまえて、「学校と地域の信頼関係の基礎を構築したうえで、学校運営に地域の人々が「参画」し、共有した目標に向かってともに協働していくこと」との定義のもとに推進が図られてきた（文科省，2005）。

　なお、ここでいう「コミュニティ・スクール」とは、アメリカのチャータースクールやイギリスの学校理事会制度にみられるような地域住民が学校運営に参画する形態ではなく、2004（平成16）年「地方教育行政の組織及び運営に関する法律」の改正を根拠として学校運営協議会を設置した学校を称している。協議会は学校評議員よりも強い権限を持つとされるが、その指定は学校を管理する教育委員会がおこない、校長をはじめ教員の採用や異動などの人事権は持たない。学校教育法では学校の設置者が学校を管理することになっているため、設置者がその学校を管理するうえで必要とする範囲内で協議することになる。協議の内容は当然に限定的なものとなるが、だからこそ、設置を契機として地域との連携・協働を推進する必要があり、活動を通して学校の理解者や支援者を地域に増やすことが重要になるといえよう。

　現場では、学校運営協議会を設置してから、地域と学校の協働として具体的に何をすべきか検討を始めたケースも多く、教育委員会や関係機関などが研修会を開催したり相談を受ける機会が増えている。これまでも地域と学校が連携

表 3-1　政策にみる学校と地域の連携協力の経緯

1987 年	「開かれた学校」が提唱される	臨時教育審議会第三次答申
1996 年	「学社融合」が掲げられる	生涯学習審議会答申
2006 年	「学校、家庭及び地域住民の相互の連携協力」の明確化	教育基本法改正
2008 年	「学校支援地域本部事業」始まる	
2009 年	「家庭・学校・地域の連携協力推進事業」始まる	
2013 年	学校と地域の連携・協働の推進方策が示される	中央教育審議会答申
2015 年	学校と地域の連携・協働の具体として「地域とともにある学校」「子どもも大人も育ちあう」「学校を核とした地域づくり」の 3 点が示される	中央教育審議会答申
2016 年	コミュニティ・スクールとして設置される「学校運営協議会」には地域住民の参画が推進される	
2017 年	「地域学校協働本部」となる、各市町に地域学校協働活動推進員を置く 学校運営協議会設置を地方教育行政の努力義務としてコミュニティ・スクールが推進される	社会教育法改正 地方教育行政の組織及び運営に関する法律
2018 年	「全ての小中学校における地域学校協働活動推進をめざす」と明記	第三期教育振興基本計画
2019 年	「コミュニティス・クールとの一体的推進」が掲げられ全国で地域学校協働本部の設置が進む	

する取り組みは全国でおこなわれてきたが、その多くは社会教育の施策として自治体が立ち上げていたため、実施の段階で地域住民と学校が協力することが多かった。このため、はじめて組織づくりや活動の企画を任されたというケースもある。必ずしも始まりが現場の意向でない場合には、地域と学校の連携自体が目的化している傾向も懸念される。連携して何を実現するか、その成果として何が生まれるかが重要なのであり、これまでの活動の成果検証をふまえながら、活動の具体像を提示して実践の糸口を示す必要がある。

　現在ではさらに協働活動からの発展形として、学校が地域を支援して活動する「まちづくり」への展開が期待されている。「学校を核とした地域づくり」

「地域とともにある学校づくり」の具体として、実際に学校主導によって地域の祭りや行事を開催した事例も散見されるが、これらがまちづくり活動として発展・継続できるのか検討されていないのが現状である。地域による学校支援については成果が現れやすく、支援する側にとっても手応えを感じられる場面が多いが、地域づくりに関しては成果が実感できる場面は多くなく、地域が変わったと実感するまでには相当のタイムラグが生じるとの報告がある（熊谷,2016）。長期的に持続できる取り組みが必要であり、その過程で生徒の社会参画が促される。生徒を「支援される側」から「地域づくりの主体」へ発展させることも可能であろう。

　地域集団による教育諸機能の活性化が必要（松原・鐘ヶ江,1981）と指摘されてから既に40年となる。これまで地域・学校の双方から連携が図られてきたとはいえ、今後さらに社会教育と学校教育の連携が求められるのであり、地域の課題を教育プログラムに組み込むことが期待されている。

6. 地域学校協働方式の経緯

　学校支援地域本部は、学校を支援する地域のボランティア組織を立ち上げ、コーディネーターを置いて学校との連絡調整にあたるもので、初年度の2008（平成20）年、全国867市町村に2,176カ所が設置された。おもな活動内容は、放課後学習などを支援する「学習支援」（写真3-1）、校内美化や植物栽培などの「環境整備」（写真3-2）、登下校時に通学路を見守る「登下校見守り」、生徒に教室で本を朗読する「読み聞かせ」、特定の部活動を支援する「部活動支援」など、各学校や地域の状況に応じて設置され、規模や実施体制も多様であった。2011（平成23）年度以降は補助事業となったが、その後も設置数は全国で増加した。

　2018（平成30）年、学校と地域の協働活動の普及をめざして「地域学校協働活動」が社会教育法に明記され、行政主導による設置や活動推進の動きもあり、「地域学校協働本部」は全国5,168カ所に設置された。地域と学校のパートナーシップに基づく双方向の「連携・協働」を推進し、地域の課題解決に取

写真 3-1　学習支援　　　　　　　　　写真 3-2　環境整備

表 3-2　コミュニティ・スクールおよび地域学校協働本部設置状況（2021 年 11 月現在）

	コミュニティ・スクール			地域学校協働本部		
	導入校数	前年度比	導入率	整備校数	前年度比	整備率
小学校	7,051	1,167 増	37.5%	12,570	793 増	66.9%
中学校	3,339	618 増	36.5%	5,625	419 増	61.5%
高等学校	805	137 増	22.9%	435	49 増	12.4%
合計 （他校種等含む）	11,856	2,187	33.3%	19,471	1,341 増	54.7%

り組むなどの発展がみられるようになった。2018（平成30）年、第三期教育
振興基本計画に「全ての小中学区において地域学校協働活動が推進されること
を目指す」と謳われ、コミュニティ・スクール構想との一体的推進をめざして、
地域と学校が協働する新たな関係づくりが始まったのである。2021（令和3）
年11月現在、地域学校協働全国で 11,439 本部が設置され、複数校での設置も
あるため公立学校の 54.7% にあたる 19,471 校をカバーしている（表3-2）。

　地域学校協働活動の体制として、現在のところ文科省が推奨するのは図3-2
の方式である。学校と地域学校協働本部が連携協働して地域学校協働活動をお
こない、地域における他の活動とも連携する。学校では学校運営協議会のメン
バーとして協働活動推進員が加わり、地域学校協働本部では推進員と地域コー
ディネーターが中心となって活動し、地域の支援拠点としてバックアップ体制

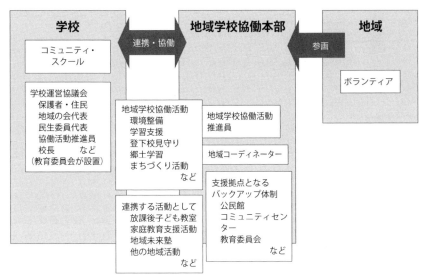

図3-2　これからの地域学校協働方式

を整えるものである。地域住民はボランティアとして地域学校協働本部の活動に参画する。

　具体的な活動内容としては、すでに学校と地域の実情に合わせて実施されており、活動方法も多様である。類型として整理すると、地域住民が学校を見守る「見守り型」（従前から実施、学校へ入ることはない）、地域が学校を支援する一方向の「学校支援型」（学校からの要望を受けて地域住民が活動する）、学校と地域の協働へ発展した「協働型」（双方の活動を双方が支援する）、学校が地域を支援する「地域支援型」（地域活性化のために学校が支援）などが考えられる（図3-3）。なお、これらが混在して多様なパターンがありえるが、学校と地域の実情に合致した類型や展開が望ましい。

　協働本部の設置やコーディネーターの配置も多様なパターンが考えられ、校区をどう捉えるか、また、校区を超えることもありえる。設置形態としては、学校区ごとに設置、中学校に設置して校区の小学校を含む、あるいは市町村教育委員会に設置して小中学校を統括することもありえる（表3-3）。

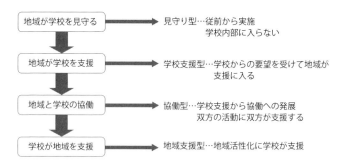

図 3-3　地域学校協働活動の類型と展開

表 3-3　地域学校協働本部の設置形態

パターン	地域学校協働本部の例	地域コーディネーターの役割	備考
学校ごとに本部を設置	X中学校区地域学校協働本部、Y小学校区地域学校協働本部など	各校区の地域コーディネーターが活動の推進を図る	市町村教育委員会統括コーディネーターを配置することで連携を図る
中学校区に本部を設置	X中学校区地域学校協働本部を設置、校区の小学校の担当教職員と連携する	中学校区に地域コーディネーターを配置して各校との連絡調整役を担う	市町村教育委員会に統括コーディネーターを配置することで連携を図る
教育委員会に一つの本部を設置	市町村教育委員会地域学校協働本部を設置、各校のコーディネーターや担当教職員と連携する	各校区の地域コーディネーターは担当教職員とともに統括コーディネーターと連絡調整を図る	市町村教育委員会の統括コーディネーターを配置し、各校区の指導・助言、ネットワーク化を図る

　また、支援拠点も多様に考えられる（表3-4）。それぞれに利点や課題があるため、地域や学校の実情に合致した仕組みづくりが重要となる。

　従来、学校教育の側からは教育支援・育児支援の観点から、社会教育の側からは生涯学習成果の発表の機会・地域の文化継承の観点から、特に小学校と地域が連携してきた経緯がある。今後はこれらを包括して「地域学校協働」への展開が求められているが、各地域におけるこれまでの活動状況によって協働本部の望ましい設置形態や支援拠点が異なるため、地域の実情を見極めて設置す

表 3-4　地域学校協働本部の支援拠点の考え方

支援拠点	特色	利点	課題
教育委員会	公民館・図書館・博物館等、教育委員会が所管する施設と連携が容易	社会教育施設や各学校との連携・利用の相談が容易	本部の数が増加すると教育委員会の運営負担が増大する、地域学校協働本部の運営に詳しい担当者が必要となる
学校	保護者、学校を支援する地域の組織や団体等との連携が容易	学校の課題やニーズを的確に把握できる、地域学校協働本部の課題やニーズを学校に伝えやすい	学校支援活動以外の活動をどう進めるか検討必要、地域との連携体制について点検が必要
公民館	公民館の活動の一環として展開でき、従来からの取り組み事例が多い	従来からの公民館の活動のノウハウを活用できる、施設自体を活動の場とすることができる	当該公民館の施設や活動の実態を把握したうえで支援拠点となりうるか検討必要
コミュニティセンター	センター活動の一環として展開できる	生涯学習事業だけでなく多様な住民サービス機能を併せ持つため、多くの機関との連携可能で幅広い住民参画が期待できる、既存の体制を利用できる	教育委員会や関連の部局との連携が不可欠

る必要がある。

　支援から協働へとの展開は、地域における新たな「共助」のかたちを示すことにつながる。すなわち、地域が学校を支援する、あるいは学校が地域を支援するといった一方向の支援体制から、協働することによって双方向の関係が生じるのであり、支援する・されるという双方を経験することによって共助の体制がつくられる。活動をベースとしてそれぞれの地域に即した協働方式を形成していくことが重要であるといえよう。

7.　地域に合った活動、支援のキーパーソン

　地域と学校の協働には多彩な活動があるが、地域の特徴を生かした活動、学校の要望に合致した活動でなくては継続が難しい。学校支援地域本部事業の初

期の活動事例では、特に雛型やモデルもない中で取り組みを始めたため、目的を特化してできる活動に限定した例が多く見受けられた。具体例を紹介しよう。

　京都府にあるD中学校では、英語に特化した学習支援活動をおこなっている。地域ボランティアを束ねる学校支援コーディネーターが英語の授業にティーチングアシスタントとして参加し、このコーディネーターが授業とつないで放課後支援教室の英語のプリントも作成している。放課後教室では、ボランティアによるマンツーマンの学習支援活動をおこなうが、ボランティアは時間前に集合してプリントの確認や学習内容に関する入念な事前打ち合わせをコーディネーターが中心となって実施している。事業の開始にあたって校内にボランティアルームを設置し、職員室にコーディネーター専用の机を設置して支援体制の充実を図った。この中学校では他教科も全校挙げて放課後の学習支援活動を活発におこなっており、教科によって教室を指定し、教員とボランティアが協力して生徒一人ひとりに対応する体制をとっている。2012（平成24）年に事業開始後、文部科学大臣表彰という評価を受け、京都府「学力向上システム開発校」指定などを経て、2018（平成30）年の学校経営方針には、従来からの英語教育に特化した地域による学校支援に加えて生徒による地域貢献活動が掲げられている。

　この事例では、地域に英語のティーチングアシスタントとなりえるいわばキーパーソンがいたこと、その人を学校へとつなぐ存在があったこと、そのうえでコーディネーターを引き受けたことでこうした活動に至ったといえる。こうした橋渡しをする人も大事なキーパーソンである。ボランティアによる学習支援と授業が直接的に関係づけられていることも特徴的である。

　一方、奈良県E中学校では「地域教育協議会」を設置して地域連携に取り組んでいる。歴史的地域であることから、地域の伝統を担っている地域住民の声を学校の活動に反映させようという動きが生じ、会議体として設置することになったものである。協議会が実施する事業に中学生が運営協力しており、校区の6小学校と合同で活動する機会として小中学生合同による「子ども未来会議」を立ち上げた。子どもたちが自ら企画し運営し、年1回ドッジボール大会

を開催し運営することにした。これには校区の小中学生が参加し、スタッフは中学教員と地域ボランティア、会場は中学校体育館であることから、小学生の引率等で小学校教員も参加している。小学校の児童や保護者が中学校に来校する機会となり、学校と地域の連携に加えていわゆる「中1ギャップ」の解消にも一役を担っている。また、地域住民の貴重なコミュニケーションの機会でもある。こうした体制づくりを背景に、2016（平成28）年には生徒会本部役員が参加して標準服見直しに伴う業者選定プレゼンテーションも開催されるなど、生徒の参画も進められている。

　この事例では、歴史的地域という特性を学校教育に反映させたいとの地域の要望から、地域と学校の連携が強まり、そこに生徒が参画する場面を増大させてきたといえる。当初は地域の有志が学校を訪れ、校長や教員にその思いを披露するところから始まっており、こうした行動を率先するキーパーソンの存在が鍵となっている。

　また、岡山県A中学校では、2007（平成19）年当時に荒れた状態がピークを迎えており、対応に奔走していた当時の教頭が保護者だけでなく地域の力を借りようと発起したことが契機となった。学校開放事業によって荒れた中学校の実態を知った保護者が荒れ対策の協力を申し出て、毎日来校して見回りをおこなったところ一定の効果がみられたが、保護者の負担が大きいため地域の力を借りようとした。その時期に学校支援地域本部事業の公募があり、県からの打診に応じることにした。地域コーディネーターには校長が適任者として推薦する人の自宅を訪問して依頼し、承諾をもらったことで事業の実施が決定した。事業開始後にはPTAからの予算補助も始まり、空き教室を地域支援本部専用室として整備し、ボランティアの休憩や交流の場として開放した。地域からより多くの協力を得るために、ボランティアを募る工夫や、チラシの全戸配布、自治会の協力を得る活動もおこなった。このような地盤づくりも有効であったとみられる。ボランティア研修会を現在まで継続して実施し、活動の心得や守秘義務の徹底などについて周知しており、初期の段階からコンプライアンスにも配慮されている。

この事例では、荒れた学校の状態を保護者に認知してもらって協力を仰いだことに始まり、保護者が校内にいる効果が明らかになったことから、これをさらに地域へ拡大して協力者を集めようとしたことが事業の開始につながっている。コーディネーター候補とされたのは、児童委員・民生委員や学校評議員はじめ自治会役員など地域で活躍していた50代の女性で、B中学校の卒業生であり荒れた母校を心配していたところに協力要請があった。彼女の持つ地域の情報やネットワークを参考にしながら、ボランティアの募集、部会別名簿・地域別名簿の作成、部会代表者・地域別代表者の決定、連絡網の整備などに取り組み、当初からしっかりした組織づくりがおこなわれた。キーパーソンの多彩なネットワークによってボランティアには高校生から80歳代女性までと幅広い年齢・性別となり、多彩な資格や技術を有するメンバーも多くボランティアの活動内容に専門的知識・技能を生かせることが期待できた。2021（令和3）年度現在も継続中で、会長や校長、教頭や学校の担当教員が替わり、ボランティアの顔ぶれが変化しても活動が続くのは、当初の計画とそれを生かす工夫の成果であるといえよう。

　他方で、香川県では地域学校協働活動に先駆けて「かがわ地域教育プラットフォーム」による地域のネットワークを生かした取り組みを、県内の各市町で推進してきた。S市では2008（平成20）年度から学校支援ボランティア運営委員会を発足させ、公民館を支援拠点として地域と学校や家庭が一体となった活動を展開している。H市では2012（平成24）年度から「かがわ地域教育プラットフォーム」として、学校にボランティアルームを設置しコーディネーターを配置することで連携の強化を図っている。M市では2017（平成29）年度から「地域コーディネーター養成講座」を開設し人材育成を進めている。このように2012（平成24）年度社会教育委員の会からの提言「香川県の生涯学習推進施策について～かがわ地域教育プラットフォームの推進～」を受けて、各市町においてそれぞれの地域の特性や課題に応じた取り組みを実施してきた。2020（令和2）年にはこうしたプラットフォーム事業を発展・継続させて、「学校を核とした地域づくり」や「地域とともにある学校づくり」をそれぞれの地

域の実情に応じて具体化しようとしている（香川県教育委員会，2020）。

　この事例では、従来プラットフォーム事業として展開してきた各市町における取り組みについて、いずれも地域と学校が協働する活動であることから地域学校協働活動として包括して位置づけた。これによって活動に関する情報共有や各市町のネットワークが図られることや、地域と学校の連携による多様な活動が統合されていくことが期待される。

　早期に学校支援地域本部事業として発足したものの、成果が明らかでなく評価を得られないまま中止したケースも散見される（時岡・大久保・岡田，2015）。事業実施にあたって第一には地域に合った活動が重要であるが、地域の特色を生かすキーパーソンの存在も欠かせない。地域には必ずその地域や学校の特色や実情を理解する人があり、地域のために活動している人は多い。そうしたキーパーソンの支援を受けて地域学校協働活動が効果的に展開できるのであり、そうした力が発揮できる体制をどうつくるか、それも地域にとって重要な課題といえよう。

8. 地域の教育力が顕在化する過程

　地域住民が学校の活動を支援することによって、地域の教育力が顕在化につながることがある（時岡，2011）。こうした過程を明らかにするため、活動事例として、岡山県で学校支援地域本部事業開始直後から実施した A 中学校の活動開始 2 年目（2009 年度）の調査結果を取り上げる（大久保・時岡・平田・福圓・江村，2011）。調査対象者数は、生徒 425 名（男子 210 名、女子 213 名、不明 2 名）、教師 29 名（男性 16 名、女生 13 名）、地域ボランティア 102 名（男性 44 名、女性 53 名、不明 5 名）である。なお、ボランティアは男性 45%、女性 55% で女性がやや多い。年齢構成は 60 代が最も多く 41%、次いで 70 代が26% を占め、40・50 代がそれぞれ 10% 前後、10 〜 30 代はいずれも 5% 以下である。職業別では、無職・主婦が 62%、自営業 7%、会社員・学生それぞれ5% などである。

生徒の変化

　生徒の意識調査から最も成果が現れたと考えられる点は、「ボランティアが学校に来ると安心する」との回答が多かったことである。A 中学校では荒れていたときに地域ボランティアが支援に入るようになり、環境整備、学習支援（マンツーマンによる数学の学習）、読み聞かせ、交通安全見守り、部活動支援などの活動をおこなっている。「ボランティアの人が学校に来ると安心」の項目では「とてもそう思う」60%、「少しそう思う」24% と、ほとんどの生徒が安心と感じていた。また、学習支援の取り組みによって「数学がわかるようになった」も大事なポイントであり、「とてもそう思う」36%、「少しそう思う」52% と成果が明らかであった。教師や保護者が教える場合とは大きく異なり、生徒の隣で課題に取り組む姿を見守って寄り添う姿は地域ボランティアならではであり、わからない問題をどんな簡単な問題であったとしても一緒に解いていく姿勢が生徒自身の前進を促すと考えられる。生徒にとっては、数学が難しくて授業についていけないことから休みがちになり荒れにつながることも多かったため、こうした生徒の変化をもたらし、先に挙げた安心感につながったといえよう。

　このように、取り組みを始めた初期段階から成果への手応えが得られており、実施 2 年目で生徒が落ち着いて学校生活を送れるようになったことは、その後も事業を継続する要素になったといえる。それまでは地域から学校へ生徒の行動などについての苦情が多く寄せられていたが、この取り組みを始めてからは急激に減少し、やがて生徒をほめる内容や生徒に感謝する声が寄せられるようになった。あまりにもできすぎに思える変化であったが、後述するようにボランティアの感想にも生徒の印象が急速に変わっていく様子が記され、地域で見かける生徒が好意的に接するようになったという光景が多く綴られており、地域の側からも取り組みの成果が実感されたのである。

地域住民のボランティア参加による変化

　地域住民がボランティアに参加することでどのような変化がみられるのだろ

うか。

　地域ボランティアの意識調査では、活動することで「生きがいを感じるようになった」に「とてもそう思う」25%、「少しそう思う」42% と回答しており、「またボランティアをやりたい」では「とてもそう思う」50%、「少しそう思う」33% と 8 割以上が継続したいと回答している。特に多くは 60・70 代であることからも、生きがいを感じる活動は参加者にとっても貴重なものとなったとみられる。

　参加した満足度をみると、全体として非常に満足度が高く、どの部会も「満足している」「どちらかというと満足している」を合わせて 58 ～ 100% を占めた。また、少数ではあるが「満足していない」という場合も、自由記述によれば「もっとできる」といった事業への意欲や期待による積極的な評価であった。事業自体に対して「良い企画である」と評価が高く、「参加者を増やしてほしい」「今後も続けてほしい」との声が多かった。しかし、この時点では「地域が良くなった」「中学生が元気になった」との回答はさほど多くない。活動開始 2 年目の時点では、ほとんどの参加者が事業の企画推進を期待しており、参加することによって良い効果があると考えていることから、その後の継続によって、地域住民にとって肯定的な変化を起こすものと期待できる。なお、ボランティアに参加したことで自身に変化があったかを尋ねたところ、下記の特徴が認められた。

　①ボランティア参加による変化に性差がある。女性の方が有意に高得点であり、ポジティブな効果を感じている。
　②ボランティア参加による変化の年齢差は認められない。
　③ボランティア参加による変化を感じているほど、学校に対して期待している。

　また、地域と中学生の変化を感じている人ほど、学校が地域の中心になっていると感じていることがわかった。学校は行きやすい場所だと感じており、学校には良い生徒が多いと感じているのである。すなわち、地域と中学生の変化を感じている人は学校への評価が高くなり、学校が身近なものになっていると

いえる。自由記述にも彼らの期待と意欲が表れており、当初は手探りで活動を始めて徐々に手応えを得ている様子が読み取れる。

　すなわち、活動に参加したことで子どもたちや教師との関係がつくられ、活動に手応えを感じて充実感も得るようになるが、その一方で課題を感じるようになり、より良い活動に向けて変化を求めている。そうした工夫や長期的な関係づくりを指向することが、地域の教育力を高め顕在化する過程であるといえよう。

地域ボランティアと教師の意識の違い

　地域ボランティアと教師の意識の違いに注目すると、まず、学校が地域の中心的存在であるか等の項目では、教師の方が地域ボランティアより楽観的に評価していることがわかる（時岡・大久保・平田・福圓，2010）。例えば、「学校が地域の中心になっている」「学校は行きやすい場所である」「学校の取り組みに満足している」などについて、教師はボランティアより全項目とも評価が高い。また、生徒の指導や地域との連携など学校の取り組みの認知では、「教師は生徒の基礎学力向上をめざした指導をおこなっている」「学校の情報を地域に積極的に公開している」などがいずれもボランティアより高い。すなわち、教師の方が楽観的に評価しているものの、教師が思う程にはそれが地域に伝わっていないとみられる。

　なお、教師の自由記述からは当初の戸惑いと期待が読み取れる。中学校におけるカリキュラムが余裕のない状況にあっては、こうした活動の実施に向けて相当な工夫が必要である。例えば、すでに実施している学校行事を地域の行事と合同で実施するなど、地域の文化に触れる機会とする対応は可能であり効果的である。しかし、ボランティアの生涯学習・社会教育の場としての活動は、困難あるいは実質的に無理であると言わざるを得ないのが実情で、各地域の特性を生かした実施内容を検討すべきところである。

　活動実施に際しては、教師・生徒・ボランティアの関係を明確化してお互いの状況が見えるようにする必要がある。やみくもにボランティアが学校に来る

のではなく、教師・ボランティアそれぞれの役割があり、一方でボランティア
だからこそできることもある。ボランティアがかかわることで生徒にとってよ
り快適で効果的な教育環境を整備すること、そうした経緯の中でボランティア
が学校や地域に対する関心が高まることが、こうした活動の真髄であるといえ
よう。そのためにも、ボランティアと教師に意識の違いがあることを認識して
おく必要があり、活動に対する意識だけでなく、それぞれの日常の多忙さや仕
事のありようなどについて相互に理解することも重要である。もともと多忙な
状況に加えて新たな活動が始まったとすれば、さほど時間はかけられず多くを
担うことは難しい。特に活動開始時には、活動に対する意欲や期待はそれぞれ
に異なっており、相互に失望や不満を感じる要因となる。まず顔見知りになる
こと、生徒とのかかわり方について相互理解を深める必要がある。

9. 地域コミュニティに向かう意識変化

　地域や学校とかかわる活動に参加することで、地域や学校に対する意識はど
のように変化するのだろうか。また、これを契機として地域コミュニティへの
関心は高まるのだろうか。ここでは学校を支援する地域の活動を取り上げて、
学校支援地域本部活動を実施している二つの中学校の調査結果から、参加者の
意識変化をみることにする（平田・時岡，2021）。対象とした2校はいずれも
学校の荒れへの対応策として活動を始めており、調査した時期は、B中学校は
活動6年目で早くから校区の小学校を加えた校区地域運営協議会を発足させて
外部から高い評価を得ており、A中学校は活動11年目で他校に先駆けて活動
を始めて会長や校長や学校担当者の交代を経ながらも活動が衰退することなく
継続実施している。アンケート調査は2019（平成31）年2月に実施したもの
で（対象者数はB中学校のボランティア98、保護者295、A中学校のボランティ
ア120、保護者309）、両校の保護者とボランティアの意識を比較しながら意識
変化に注目する。
　まず、活動への参加状況や活動に対する期待などは差異がみられず、両校と

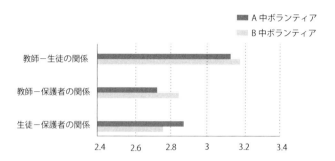

図 3-4　ボランティアによる生徒・教師・保護者の関係評価

　も学校や生徒への熱い思いを持って取り組んでいる。中でも A 中学校は「生徒が過ごしやすい学校を想像する」「学校での問題を防げるようにする」「こんな学校になったら嫌だと考える」が有意に高く、A 中学校では以前の荒れた学校の記憶を持ち続けているのではないかと考えられる。荒れた当時の状態に戻すことがないよう、より良い状況へ改善したいとの思いから参加していると推測できる。

　こうした活動では参加する関係者の互いの状況認知が重要であるが、両校におけるそれぞれの状況認知をみると、ボランティアによる状況認知では、B 中学校は生徒と保護者の状況認知で有意に高い。保護者による状況認知では差がないことから、活動への参画によって生徒や保護者の状況がわかるようになったとみることができる。

　ボランティアによる生徒・教師・保護者の関係評価では、B 中学校は「生徒と保護者のしっかりした関係がつくられている」が、「生徒と教師の関係」に比べてかなり低い（図 3-4）。すなわち、ボランティアにとっては生徒と教師は良い関係とみえるが、生徒と保護者との関係は良好とみておらず、活動を展開する中で生徒の家庭環境を認知した結果なのではないかと推察できる。教師からは実態が見えにくい生徒と保護者の関係について、異なる観点から捉えられていることがわかる。なお、これは A 中学校の過去のデータに比しても同様の傾向がみられる。こうしたボランティアによる生徒の状況認知が、前述のよ

うな「生徒が過ごしやすい学校」への意欲をもたらしているといえよう。

　Ｂ中学校では、その後、生徒が高齢者とかかわる中で、地域の祭りの復活を切望しており期待されていることを知り、これに応えようと動き出した生徒をボランティアが支援して祭りを復活させている。生徒がはじめて主体的に地域のために活動したいと申し出たその取り組みに対し、生徒の置かれている状況を充分に認知しているボランティアだからこそ全面的に支援することで実現させたのではないだろうか。すなわち、ボランティアにとっては生徒とのかかわりから地域へと意識が向かい、生徒にとっては地域へ向かった意識を行動として発揮するとき、それをボランティアの存在が後押ししたといえよう。地域と学校が協働する活動によって両者が高め合う関係が構築されることで、地域コミュニティへ関心が向かったとみることができる。なお、このケースでは、中学生と地域ボランティアとの関係構築、中学生と地域の高齢者との関係構築が重要なポイントとなったといえる。

10.　サスティナブルな活動のための組織づくり

　こうした学校支援地域本部事業では、開始したものの３年で中止した学校も多い（時岡・大久保・岡田，2015）。そこで、継続的な活動のために重要となる地域の組織づくりを取り上げる。

　室田（2010）は、ドイツの地域再生戦略の解析から、コミュニティ・マネージメントの進め方として６点を挙げている（表3-5）。つまり、準備段階としてⅠ〜Ⅲ、実践段階としてⅣ〜Ⅴ、サイクルとして定着を図るⅥと捉えることができる。そこで、これに照らして学校支援地域本部の活動を捉えると、準備段階は本部が設置された段階でかなり実現していることになる。すなわち、

Ⅰ．コミュニティ・マネージャーとしてのコーディネーターの確保、ビューローとしての協働本部設置、設置の段階で行政の支援体制は確立している。

Ⅱ．ボランティアの参加によって学校と地域の関係が強化される、活動が持

表3-5 コミュニティ・マネージメントの段階

	段階	進め方
I	設置・支援体制	コミュニティ・マネージャーの確保、ビューローの設置、行政の支援体制
II	参加促進	参加促進、コミュニティ・エンパワーメント
III	戦略・体制構築	目標共有とアイデアや戦略づくりの実施、コミュニティ・マネージメントの体制構築
IV	実施・促進	事業や活動の実施や促進
V	評価・改善	評価と自己改善
VI	サイクル化	全体としてサイクル化

室田（2010）より作成

続することで両者がエンパワーメントされる。

III. 大目標として「生徒のため」「学校支援・地域支援のため」は当初から共有している、各地域や学校に見合った具体的な事業のアイデアや戦略づくりが必要であり、まちづくり活動に発展するポイントともいえるもので、これらを実施することでマネージメント体制を構築する必要がある。

IV. 事業や活動の実施や促進、その際に地域や学校の実情により進め方を工夫する必要がある、これらがまちづくりマインド醸成につながるポイントといえる。

V. 評価と自己改善は、現状で最も欠落している点であり、早急に評価の仕組みや体制づくりを手掛けて、成果による自己改善を進める体制が求められる。

VI. 全体としてサイクル化することは今後の最重要課題であり、従来も関係者の交代によって消失した活動は多いため、持続可能な体制を整備する必要がある。

すなわち、地域の活動を基軸とすることで、コミュニティ・マネージメントの体制づくりが実現する可能性は高いと考えられる。

11. 地域活動への参画から「まちづくりマインド」の醸成へ

　地域の活動に参加することで地域コミュニティへの関心が高まるケースや、学校との関係構築によって地域の教育力が発揮されるケースを取り上げてきたが、これらがすべてまちづくり活動に向かっていくとはかぎらない。多くは特定の地域活動や学校の活動だけに終始するだろう。第1章で指摘したように、現代は社会貢献意識が高いものの、まちづくり活動への参加は少ないという実態がある。そこで、多くの人々がまちづくり活動に参画するきっかけとなり、まちづくりに関心を持つようになるためにも、「まちづくりマインド」の醸成について考えたい。

　従来、学校教育で実施してきた地域学習だけでは、「まちづくりマインド」の醸成は難しいのではないだろうか。まちづくりには、物理的・環境的側面があり、活性化・人や関係づくりといった側面もあるが、双方とも主体的取り組みによって成立する。学校教育の一環として実施する活動に、参加者が主体的に取り組む場面を組み込むことは困難な作業である。従来からおこなわれてきた学校教育の地域学習では、地域の人は「教える人」であり、児童・生徒は「教わる人」となる。このため、児童・生徒は受動的で、教わった内容を知識として学習していく。その学習内容は、本来は教育課程として教師が作成し、協力する地域の人が実行して協力することになる。結果的に、児童・生徒も地域も主体的活動に至ることは難しい。

　近年では、学校教育による「地域づくり」の取り組みも注目されている（小澤, 2020）。住民主体による活動に学校が協力する場面も多くみられる。しかしこの場合は、学校が受動的となり、住民が作成したプログラムに児童・生徒が参加することになる。地域と児童・生徒の双方が主体となって参画し協働するような活動は、実際の活動内容の計画や準備の時間を考えれば一朝一夕にできるものではない（河田, 2020）。

　「まちづくりマインド」の醸成と、まちづくりの方法論・手法の学習は必ず

しも同じではない。地域愛着や地域への思い、居住者との人間関係づくり、参画・主体となる実感や体験などが融合することで「まちづくりマインド」の醸成に至るのではないか。まずは取り組みの計画に、児童・生徒を加えることから始めて、児童・生徒と地域住民とが協力して企画・実行するという仕掛けが必要なのである（こどもとまちづくり研究会，1996）。

「小学校で昔遊びを○○ちゃんのおばあちゃんに教わった」と耳にすることはよくある。懐かしい好印象としての記憶が地域を印象づけ、地域に対する愛着を実感させるのであろう。こうした場合、地域住民には「子どもたちのために」という意識づけが重要であり、これを原点としての他地域との交流もありえよう。子どもたちがそれを見て地域を学んでいくことになる。

「子どもたちのために」という意識は、利害を超えた信頼関係を築く。弱者やマイノリティへの気づきとそのかかわり方を実体験として学習する。児童・生徒にとっても同様である。同質性の高い学校生活で協働できても、異質な関係においては協働の中身も異なる。そうした中での協働体験から多様な関係づくりを学び、それらを含んだ地域を実感していくのではないだろうか。そうした関係づくりが「まちづくりマインド」の醸成に資すると考える。

▶文献

平田俊治・時岡晴美（2021）．地域学校協働活動は学校と地域に何をもたらしたか —— 中学校と地域社会の連携の在り方に関する研究（その6）—— 日本建築学会四国支部研究報告集, *21*, 23-24.

香川県教育委員会（2020）．つなGO！ 学校・家庭・地域 —— コミュニティ・スクールと地域学校協働活動 ——

河田祥司（2020）．まちづくりマインドを育む3つの勘所 都市計画, *69*, 90-91.

こどもとまちづくり研究会（1996）．まちづくり読本2 子どもとまちづくり —— 面白さの冒険 —— 風土社

厚生労働省（2020）．厚生統計要覧（令和2年度）https://www.mhlw.go.jp/toukei/youran/indexyk_4_2.html（最終閲覧日2022年2月1日）

高齢者とまちづくり研究会（1997）．まちづくり読本1 高齢者とまちづくり —— ともにイキイキ！ まちと住まいと生きがいと —— 風土社

小澤紀美子（2020）．学校教育におけるまちづくり学習のあり方 都市計画, *69*, 81-82.

松原治郎・鐘ヶ江晴彦（1981）．地域と教育（教育学大全集9）　第一法規

溝口謙三（1980）．地域社会と学校 ── その実践的課題 ── 　教育学研究, *47*, 308-316.

文部科学省（2008）．平成19年度「放課後子どもプラン実施状況調査」　https://www.mext.go.jp/b_menu/houdou/20/06/08061901/001.pdf（最終閲覧日2022年2月1日）

文部科学省（2015）．「コミュニティ・スクールの推進等に関する調査研究協力者会議」報告書の公表について　https://www.mext.go.jp/b_menu/shingi/chousa/shotou/103/houkoku/1356133.htm（最終閲覧日2022年2月1日）

室田晶子（2010）．ドイツの地域再生戦略　コミュニティ・マネージメント　学芸出版社

大久保智生・時岡晴美・平田俊治・福圓良子・江村早紀（2011）．学校支援地域本部事業の取り組み成果にみる学校・地域間関係の再編（その2）── 生徒、地域ボランティア、教師の意識調査から ── 　香川大学実践総合研究, *22*, 139-148.

時岡晴美（2011）．「地域の教育力」は衰退したのか ── 学校と地域の協働による「地域の教育力」の顕在化を考える ── 　大久保智生・牧　郁子（編）　実践をふりかえるための教育心理学 ── 教育心理にまつわる言説を疑う ── 　ナカニシヤ出版, 201-216.

時岡晴美・岡本侑記（2011）．地域における子どもの居場所づくりの課題と将来像 ──「放課後子ども教室」の取り組み事例を中心として ── 　日本建築学会四国支部研究報告集, *11*, 73-74.

時岡晴美・大久保智生・平田俊治・福圓良子（2010）．学校支援地域本部事業の取り組み成果報告書 ── 岡山県備前市立備前中学校における調査結果から ── 　香川大学

時岡晴美・大久保智生・平田俊治・福圓良子・江村早紀（2011）．学校支援地域本部事業の取り組み成果にみる学校・地域間関係の再編（その1）── 地域教育力に注目して ── 　香川大学教育実践総合研究, *22*, 129-138.

時岡晴美・大久保智生・岡田　涼（2015）．中四国地域の中学校における学校支援地域本部事業の取組成果と将来像 ── 中学校と地域社会の連携の在り方に関する研究（その2） ── 　日本建築学会四国支部研究報告集, *15*, 151-152.

第4章
子ども・高齢者が参画する地域学校協働のまちづくり
── 成果の可視化を考えよう

1. 子ども・高齢者が参画する従来型の活動

　前章で述べたように、地域学校協働活動は、学校を支援するという一方向の
従来型の活動から、地域と学校の協働によって支援したりされたりの双方向の
活動へ転換が図られてきている。

　従来型の学校支援地域本部としての活動も継続しており、その実施内容とし
ては「授業補助」「登下校見守り」「読み聞かせ」など、学校の要請に応えて学
校を支援する活動である（表4-1）。協働方式では、これらに加えて、学校行事
や地域行事の参画・協働、郷土学習や地域課題解決学習など地域文化の学習と
しての協働も構想されている。このため、従来型の活動においても、具体的な
内容や方法について関係者が協議しながら実施できれば協働活動となる。例え

表4-1　地域が学校を支援する従来型の活動例

名称	活動内容
学習支援	マンツーマンによる学習支援支援（数学・英語など） 授業の補助（パソコン・タブレット補助、英会話、体育の水泳補助、理科の観察・実験補助、家庭科の調理・裁縫等補助） 本の読み聞かせ
部活動・クラブ活動	各部活動・クラブ活動の指導者や補助者など
環境整備	花壇の整備、除草作業、学校所有の農地等手入れ・収穫など
安全支援	登下校の見守り、挨拶運動、危険箇所点検など
学校行事等	運動会・文化祭などの補助、遠足・校外学習の引率補助、稲作等の体験活動補助、防災訓練等の連携協力、交通安全教室など

表 4-2　地域学校協働方式の利点と課題

学校側からみた利点	・教員と保護者や地域住民等間の相互不信の解消 ・確かな学力の向上 ・教員のゆとり確保と学校の総合力アップ
地域の側からみた利点	・コミュニティ意識醸成の契機 ・学習成果の活用による学習意欲の向上 ・新たなまちづくり運動の契機となる
課題	・教員の意識改革の必要性 ・コーディネーターやボランティアの発掘と養成 ・コーディネーターが力を発揮できる条件整備 ・地域本部とPTAの望ましい関係 ・行政内部における連携協力体制の再構築

ば「読み聞かせ」ではどのような本を取り上げるのが望ましいのか、頻度や時間帯などについても、教師とボランティアが協働して検討するだけでなく児童生徒の意見を反映することでさらに充実するといえる。

　地域と学校の協働で考えられる利点と課題について、地域学校協働本部を対象とするこれまでの実態調査からは次のように整理することができる（表4-2）。学校側からは、教員と保護者や地域住民等との間の相互不信の解消、確かな学力の向上、教員のゆとり確保と学校の総合力アップなど、地域側からは、コミュニティ意識醸成の契機となる、学習成果の活用による学習意欲の向上、新たなまちづくり運動の契機となることなどである。課題としては、教員の意識改革の必要性、コーディネーターやボランティアの発掘と養成、コーディネーターが力を発揮できる条件整備、協働本部とPTAの望ましい関係、行政内部における連携協力体制の再構築などである。なお、先行研究では児童・生徒の学校生活の楽しさが増加する（渡邊・藍澤・菅原，2007）との指摘もあるが、教員の仕事量が3年目まで徐々に増加し負担感が増すといわれているため、それを贖う工夫が必要である（菅原・藍澤・山田，2007）。

　発足当初の「学校支援地域本部事業」では、地域が学校を支援する活動と捉えられていた（時岡・大久保・岡田，2015）。このため、地域住民がもっぱら学校や生徒のために活動していたと考えられ、地域ボランティアも「学校を支援

する」活動だから参加するという傾向がみられた。一般的なボランティア活動や社会的活動より、母校や生徒のためという目的によって参加が促進されていたといえる。近年の弱体化していくPTA活動やボランティアによる見守り隊などの活動を支援し強化するため、そうした活動に参加していれば特に無理なく参加できたと思われる。熱意ある一部の地域住民や保護者を中心とする取り組みだから十分に活動できたという面もある。学校を支援する活動から協働へと発展するには、さらに多くの生徒や保護者の参画が必要となろう。

　学校という空間を地域と共有するための工夫や課題も多く指摘されており、人員の面からはそれぞれの活動を融合する必要もある（齋藤・藍澤・土本, 2000）。さりながら、まずは参加した人々に注目して活動による効果を明らかにする。なぜ参加するのか、活動することが何をもたらすのか、活動する人々の思いやその変化を辿ってみよう。

2. 地域学校協働活動に参加する人々
── 参加する背景と継続するための要点

　前章で挙げたA中学校では、活動開始後から継続して意識調査を実施してきた。開始直後（2009年）と最近（2019年）の10年間でどのような変化がみられたか、ボランティアに参加する人々の意識やその背景についてみることにする。なお、生徒数、教職員数、ボランティア登録者数は表4-3の通りである。また、2020年度は新型コロナウイルス感染症拡大の影響によって、活動はかなり縮小して実施された。ボランティア登録者数は発足当初が最も多かったが、個人だけでなく団体も加わるようになり、調整役であるコーディネーターが2名体制となっている。

　ボランティア調査の回答者について開始当初2009（平成21）年と最近2019（令和元）年を比較すると、性別では女性がやや多いことに変わりなく、年齢構成では、60代・70代が中心であることに変わりないが、さらに高齢化が進んでいる。職業別では、無職、主婦が多いことに変わりなく、有職者はさらに減少している。

表 4-3　A 中学校の学校支援活動の参加者数

	2009 (平成 21) 年度	2014 (平成 26) 年度	2020 (令和 2) 年度
A 中学校生徒数	461	408	304
A 中学校教職員数	39	39	40
学校支援地域本部 コーディネーター人数	1	2	2
学校支援地域本部 ボランティア登録者数	168	109+2 団体	96+4 団体
読み聞かせ部会登録者数	23	22	18
登下校安全部会登録者数	67	50	56
環境整備部会登録者数	52	25	25
学習支援部会登録者数	35	9	9
部活動支援部会登録者数	20	20	9
ゲストティーチャー部会 登録者数	8	4	2+4 団体

　参加理由・きっかけでは、「地域・学校への恩返し」が最も多いことには変わりなく、例えば 2009 年度調査では 36% を占めており、「誘われたから」(25%)、「役職・役割だから」(18%) と続く。「時間ができたから」「生きがいを求めて」などの個人的理由はいずれも 5% 未満と少なく、地域や学校への関心や役立ちたいなど熱意を持って参加していることがわかる。事業自体の評価は概ね肯定的で、「楽しんで参加した」90%、「自分たちが元気になった」71% であり、「負担に感じられた」は 27% に過ぎない。「中学生を身近に感じた」68%、「中学生の印象が変わった」58% と中学生の印象に変化がみられ、「良い企画である」82%、「今後も続けてほしい」85% と継続希望も高い。参加理由が積極的でなくても、中学生や教師との関係が構築されて、事業の評価は肯定的となることが読み取れる。しかし、「家族でよく話題にした」56%、「住民との話題になった」42% と、日常的に地域で話題にするまでには至っていない。

　このように、ボランティア参加による変化では、地域と中学生が変化したと感じ、今後の事業の企画推進を期待していることから、参加することで良い効

果が現れたと捉えていると考えられる（時岡・平田，2020）。すなわち、この
ボランティアに参加することは、地域住民にとっても肯定的な変化を起こすと
考えられるのであり、これらの因子間に相関が認められている。参加による変
化の性差では女性の方が有意に高得点で、ポジティブな効果を感じており、変
化の年齢差は認められない。こうした参加による変化を感じているほど、学校
に対して期待しており、地域と中学生の変化を感じている者ほど、学校が地域
の中心になっていると感じている。すなわち、学校は行きやすい場所だと感じ、
学校には良い生徒が多いと感じている。これらの結果（大久保・時岡・平田・
福圓・江村，2011）から、地域と中学生の変化を感じている者は、学校への評
価が高く学校が身近なものになっていて、このことがさらに活動への参加意欲
を高めているのではないだろうか。

3. エピソードで綴るボランティアの意識変化

　A中学校では毎年の意識調査に加えて、毎年の研修会や、ときにはボラン
ティア座談会も開催している。こうした際に得られたボランティアの感想や自
由記述、ヒアリングで得られたエピソードなどから、13年間にわたるボラン
ティアの意識変化を辿ることにする。

I. 開始直後（〜2009年度）

　まず、参加当初の感想として、「中学生は予想外にかわいい子たち」との声
が多かった。ボランティア参加者には、現在の家族に小・中学生がいるケース
が少なく中学生との日常的なかかわりがないため、参加に際しては中学生の実
態についてほとんど知識がない、あるいはマスメディア報道などからの情報に
よって印象づけられている。実際に活動する中で生徒を知り個々の関係が構築
されることで、「かわいい子」「外見と違ってまだ幼い子」との認識を持つよう
になる。それが支援活動を継続する意欲につながっている。これが協働活動の
原点といえるのではないか。課題として多く指摘されたのは、「教師や保護者

に参加してもらいたい」「ボランティアの人数が増えてほしい」ということであった。なお、ボランティアの感想には多少の男女差が感じられ、育児経験の差や活動内容の違いが現れているのではないかと考えられた。おもな意見として整理すると次のとおりで、それぞれに具体例を付すので参照されたい。

・生徒の実態がわかったことで安心して続けられると思った。

　知人に声かけられて参加することにしたが、自分の子どもが中学生だったのは20年以上前で、今の中学生はわからないし、町で見かける恐い気配のする子らを思うと、自分に務まるか心配だった。最初に女子生徒がやさしく挨拶してくれて、これなら続けられるかなと思った。中学校の数学なんてまったくわからないから、息子が中学校で使っていた教科書を物置から出してきてみたがまったくわからず心配だったが、コーディネーターさんから「マンツーマンで一緒に考えてあげてください」と言われて安心した。

・学校外で生徒と挨拶を交わすようになったことがうれしい、元気をもらった。

　学校外で会った時に「この前は数学の問題を教えてくださってありがとうございました」とお礼を言ってくれた。店や公民館で会ったときに「いつも来てくれているおばちゃんだ」と言って声かけてもらえると、やっていて良かったとうれしさを感じる。

・生徒と一緒に活動することが楽しい。

　子どもたちも一緒に草抜きなどの世話を楽しんでやってくれる。採りたての野菜をおいしそうに食べる子どもの笑顔を見て、充実感を感じた。

・ふだんの生徒とは異なる印象を持った、違う面があることを知った。

　先生たちが手を焼いている生徒も、同じ作業をしながらかかわると思ったより良い子だと思える。一緒に活動しているとき、生徒が生き生きしているように感じる。

・生徒にとって教師とは異なる人間関係が構築された。

　授業でわからないことを先生には聞きにくいが、ボランティアの人には聞いてくるので、一緒に考えるという交流がある。教室に入れない子が、作業をしはじめると段々そばに寄ってきて、手伝ってくれる。

・生徒の興味関心を引き出した。

　教室に入れない子どもが毎日順番にきて、手伝ってくれる。最初は口もきかなかったが、野菜のどこから根が出るかとか育ち方を聞くようになり、収穫後にはどうやって食べるかなど話をしてくれるようになった。

・事業の成果などを生徒が評価してくれた。

　プランターに植えた花や玄関横に植えた花がきれいに咲いて、生徒たちが喜んでくれ、父兄からも感謝されたことに充実感を感じた。卒業式のためにパンジーやビオラで花道を作ったのを、2年生に来年もやってほしいと言われうれしかった。

・教師や保護者にもっと参加してもらいたい。

　ボランティアに参加している人中心で活動しているが、先生も忙しいとは思うが人任せにせず、もう少し参加して、ボランティアの現実を見てほしい。

・ボランティアの参加者を増やしてほしい。

　ボランティアの参加人数が減っているのが心配、新規参加者の募集が必要と感じる。

・生徒とのかかわり方を試行錯誤している。

　環境整備で、収穫だけでなく、他の過程も手伝うようにプレッシャーをかけると特定の子しか行かなくなった。地域の人が子どもを知っていても、子どもの方が地域の人を知らない場合、不審者に間違われた例があった。

II. 協働活動の定着後（2010 ～ 2015 年度）

　教師とボランティアとの関係づくりの機会が必要と考えられたため、年度初めの顔合わせ会を毎年4月早々に開催することにした。8月に開催される教職員研修会にボランティア登録者も参加してグループワークを実施しているが、その効果が少しずつ現れてきた。開始当初には多かった教師や保護者に対する不満の声が減少し、ボランティアの緊張感も薄れて自然体で取り組むようになった。ボランティア同士の新たな関係構築もみられる。生徒からの謝辞が増えて感謝の手紙をもらうこともあり、協働活動が関係者全体に受け入れられ定

着したとみられる。協働活動や個々の取り組みについての改善を具体的に提案する声が上がるようになった。

　調査では、おもに学校支援の取り組みの認知がどのように浸透したか、地域社会への交流にどのように影響したかを検証した。活動が順調に継続されると、認知が進むことと地域社会への交流が活発になることの相関関係がみられるようになった（大久保・岡鼻・時岡・岡田・平田・福圓，2013）。これは「ソフトのまちづくり」の初期段階といえる。また、こうした取り組みの認知は放置すると低下する傾向にあるため、そうした状況をこまめに分析し続け、ボランティア専用の部屋を創設することや年度初めに地域ボランティアと教職員の顔合わせ会を企画するなど、認知を促進する工夫をおこない維持していることが理解されたとみられる。当初に指摘していた感想の男女差はほぼなくなり、この事業を通しての関係性構築が進んだことがうかがえる。

・教師や保護者との関係改善

　最初は学校とボランティアの間に大きな温度差があったが、徐々に改善したように感じる。地域、生徒、学校や先生とつながりができているように感じる。年々学校支援について理解してくれる先生が増えたと感じるが、先生もボランティアに頼り切るのではなく加わってほしい。

・ボランティア同士の新たな関係構築

　同じ部会で活動する仲間が増えて心強い。

・生徒からの謝辞・感謝の手紙が増える

　数学の問題でよく理解できたと正月前に丁寧な手紙をもらった。学習支援で教えた生徒は卒業した今でも挨拶をしたり話しかけてくれる。また、読み聞かせでは、前回に行ったクラス全員が聞いた話について感想文を書いてきてくれたことが数回あって元気が出た。

・協働活動が定着した

　ここ何年かで生徒が挨拶をしてくれるようになったと周囲で言ってもらうようになってうれしい。活動のために人材・材料を集める時、職員室や地域の人に声をかけたら快く貸してくれた。学校に行ったとき、たまたま生徒が環境整

備の成果や感想を発表していてうれしかった。

・協働活動改善への提案

　年間を通しての活動スケジュールを示してもらえると、もっと活動が充実するのではないか。

Ⅲ．継続 10 年を超えて（2016 〜 2019 年度）

　事業開始後 10 年も経過すると、こうした取り組みは関係者に認知され活動が定着する。ボランティアも取り組み内容がルーティン化することで、判断に迷うような場面がなくなり落ち着いて活動している。しかし、緊張感がなくなり、参加することによる満足感や充実感を得る機会も少なくなる。開始当初は、生徒が挨拶したり感謝の言葉を発したことが喜びとなり、教師との関係がしっかりしてきたとの手応えが充実感をもたらしていたが、それらが日常の光景となり特別な出来事ではなくなっていく。反面、協働活動の限界が理解されて、開始当初にあった多大な期待や要望はみられなくなり、個々の活動についての具体的提案が目立つようになる。

　そうした中で、事業発足 10 周年を迎えることから記念行事の開催が発案され、定例になっている教職員との合同研修会を充てることになった。在校生代表も参加して、講演会のあとには卒業生によるダンスパフォーマンスが披露された。そのダンス集団を率いる卒業生 K 氏は、在学中いわゆる問題行動が多く卒業が危ぶまれるほどであったが、地域ボランティアに支援されて一緒に活動するようになり高校に進学できたという経緯があった。パフォーマンス後に自ら申し出て挨拶し、地域への感謝の思いを述べたことで、関係者全員が感動し活動の手応えを実感した場面となった。

・評価されることで活動のエネルギーが増す

　活動後に生徒からお礼の言葉をもらい、笑顔になれます。年々態度も良くなり、挨拶が気持ち良くできる明るい生徒たちに会えるのが楽しくなります。

・地域の新たな関係構築

　もう少しボランティア間の交流は欲しいですが、どんなかたちが良いのかは

難しいなと思います。

・自分なりの取り組み方、姿勢が定まってきた

　ボランティアの皆さんに会い、元気や楽しさを感じさせてもらっています。今後も私なりに取り組んでいきたいと思います。

・生きがい、楽しみとなっている

　少しでも中学生に触れる機会があることで、自分の幅が広がり、良かったと思っています。来年度からは小学校でも支援したいと思います。皆さん、熱心に積極的に活動しておられ、楽しいので続けていけます。

・事業の評価など

　学校・教員・教育委員会・OBなど、これまで教育にかかわったものが一番教育を知っていると勘違いされている。民間会社の人や、そのOBにも素晴らしい人が多くいる。その人たちがボランティアに参加できる雰囲気、流れをつくることがこれからこの地域には必要と思う。地域が学校を支える仕組みはありがたいと実感している。

・活動への具体的な提案

　中学生と向き合って、シニアならではの人生経験を語る時間もあって良いのかなと思います。参加者が高齢化しているので、子どもたちの親が参加してくれたらもっと良くなると思う。

　以上のような記述から読み取れるのは、まず開始後に中学生の実態を知って関係が構築されて好感を抱き、それが活動を継続する意欲につながっていること、初期の段階から教師と保護者の参加やボランティア人数の増加を求めて活動の継続を期待していたことである。早い時期から生徒の支援となっているとの手応えをそれぞれ実感していたのであり、こうした充実感がその後も継続することから、これが活動の原点であるといえよう。ただし、関係づくりに対する試行錯誤も読み取れ、それがボランティア自身の成長をもたらしている。また、他のボランティアや教師との関係づくりも重要で、研修会や顔合せ会などに話し合いの機会を設けることで不満が減少し、新たな関係構築もみられた。

こうして順調に活動が継続すると、活動の認知が進むことと地域社会との交流の活発化に相関が現れる。この活動が、まちづくりに資するものとみることができよう。しかし、エンパワーメントしなければ活動認知も低下する傾向にあるため、状況をこまめに分析して認知を促進する工夫をおこなう必要がある。開始後10年も経過すればルーティン化して緊張感がなくなり、満足感や充実感を得ることも少なくなる。当初の手応えや充実感が日常となり、逆に活動の限界もみえるために多大な期待や要望は持たなくなる。この時期のエンパワーメントも重要で、個々の活動を再検討したり、新たな展開を模索したり、あるいは参加した卒業生の活躍エピソードを広報して共有することなどが考えられる。活動が定着すれば、他の組織との協働や他校との連携も実現可能な対策として具体的に検討することができる。

4. ボランティア参加者の満足感・達成感 （2016〜2019年度の調査データから）

　ボランティアの献身的な活動の背景には、活動の契機となった「学校への恩返し」「地域貢献」といった意識の高さに加えて、主観的幸福感、充実感や満足感がある。生徒と共に活動する中で、生徒の日常生活を具体的に知るところとなり、厳しい教育環境にある生徒に接することで、彼らを支援する意欲が高まり、協働活動にも熱心に参加するようになる。また、ボランティア同士の協力関係が築かれ、ボランティア間の結束が強くなったと考えられる。この調査では、主観的幸福感尺度から満足感・自信・達成感という3項目について尋ねているが、結果はいずれも先行研究より高い数値で、自信・達成感がさらに高まったことがわかった（時岡・大久保・岡田・平田，2021）。また、事業発足10周年記念の研修会という大きな行事を経験した2016年度には特に満足感が高い（時岡・平田，2020）。こうした充実感や満足感、主観的幸福感が強いことも、ボランティアの結束を強固にすると考えられる。

　このように、ボランティアに参加して生徒との関係、中学校との関係が築かれることで、学校はさらに行きやすい場所だと感じ良い生徒が多いと感じるよう

になる。学校に対する期待も高くなり、学校が地域の中心になっていると感じるようになる。年によっては参加率や満足感の低下が生じることもあるが、総じて、この事業によって地域と中学生が肯定的に変化したと実感していることから、ボランティアへの参加が地域住民にとっても肯定的な変化を起こすものといえる。なお、ワークショップの成果として、下記のような声が上がっている。

- 教師とボランティアが一つのグループで話し合うことでそれぞれの様子がわかったし、それぞれの立場からの本音が聞けるという貴重な良い機会だった。
- 教師から、生徒たちがボランティアに感謝しているという話を聞くことができて、非常にうれしかった。
- PTA の協力について話し合った。PTA の役員からは、協力できておらず心苦しいが、保護者の側の事情もあって難しいと説明され、お互いの状況に理解が深まったと思う。
- 転任してきた教師から、このような活動が地域からの参画を得て活発におこなわれていることに驚いたこと、大変好意的に受け止めていることなどの感想が披露されて、とても心強く感じた。
- これまでもボランティアとして教師と話がしたいという思いが強くあった。ボランティアがしている活動を、教師あるいは学校はどのように評価しているのか知りたいし、さらにできることがあったら教えてほしい。また、生徒がどのように受け止めてくれているのか知りたいし、ちゃんと受け止めてくれているとわかったら達成感が得られると思う。その意味で、この機会はとても充実していた。

5. 活動事例の経緯と発展段階

　こうした A 中学校の取り組みは開始時には前例がなかったことから、活動内容や組織づくりなど手探りで進めてきた。13 年間には学校や生徒や地域の

状況の変化もあり、新たな協力を得た取り組みや必要が生じた活動を続けてきたといえる。そこで、こうした活動の経緯と発展段階を、前章で取り上げたコミュニティ・マネージメントの段階に照らすと、事業として確立していった過程をみることができる（時岡・平田, 2021）。

表4-4は、学校支援地域本部事業の開始初年度から取り組んだA中学校の経緯を示している。発足後、約3年間をかけて事業が定着し、準備段階から次の段階へと展開した。5年目以降は目標共有・活動促進・評価というルーティンが確立していった経緯が読み取れる。この間に3年目には補助事業となったことで活動体制の見直しが必要となり、その後は市域の小中学校での活動へと拡大していった。活動が定着したことによって、校長や教頭の異動、会長の交代を経ても活動は弱体化していない。この間、外部からの評価（県表彰）や事

表4-4　A中学校の経過とコミュニティ・マネージメントの段階

年度	A中学校の経過	コミュニティ・マネージメントとしての段階	段階	研修	評価
2008	取り組み開始、事業本部設置	ビューロー設置、行政の支援体制、コーディネーターの確保	Ⅰ		
2009	本格実施、6部会で活動 広報紙作成・配布	参加促進、学校と地域の関係強化	Ⅱ		ア
2010	補助事業となる、教職員研修開始 専用室整備、コーディネーター2名に 学識経験者の助言開始（現在に至る）	活動によるエンパワーメント、目標の確認	Ⅱ～Ⅲ	a	ア・イ
2011	A市教育支援活動運営委員会発足 教職員研修開催	行政の支援体制強化	Ⅲ	a	ア・イ
2012	教職員・ボランティア合同の研修会開始 地元の新聞社に取材を受け掲載される	目標の共有、戦略づくり、活動の促進	Ⅲ～Ⅳ	b	ウ・ア・イ

2013	会長交代 年度初めの顔合わせ会開始、教職員・ボランティア合同の研修会開催	目標の共有、戦略づくり、活動の促進	Ⅲ～Ⅳ	c・b	ア・イ
2014	県表彰:学校応援事業優良実践校 年度初めの顔合わせ会開催、教職員・ボランティア合同の研修会開催（市域の小中学校合同）、ボランティアの座談会開催	外部からの評価、目標の共有、戦略づくり、活動の促進	Ⅲ～Ⅴ	c・b・d	エ・ア・イ
2015	年度初めの顔合わせ会開催、教職員とボランティア合同のワークショップ開催（市域の小中学校合同）	目標の共有、戦略づくり、活動の促進	Ⅲ～Ⅳ	b	ア・イ
2016	年度初めの顔合わせ会開催、教職員とボランティア合同のワークショップ開催（市域の小中学校合同）	目標の共有、活動の促進	Ⅲ～Ⅳ	c・b	ア・イ
2017	事業開始10周年記念イベント実施 年度初めの顔合わせ会開催、教職員とボランティア合同の研修会開催（市域の小中学校合同） 地元の新聞社に取材を受け掲載される	自己評価、目標の共有、戦略づくり、活動の促進	Ⅲ～Ⅴ	c・b	ウ・ア・イ
2018	年度初めの顔合わせ会開催、教職員とボランティア合同のワークショップ開催（市域の小中学校合同）	目標の共有、戦略づくり、活動の促進	Ⅲ～Ⅳ	c・b	ア・イ
2019	会長交代 年度初めの顔合わせ会開催、教職員とボランティア合同の研修会開催（市域の小中学校合同）	目標の共有、戦略づくり、活動の促進	Ⅲ～Ⅳ	c・b	ア・イ
2020	コロナ禍により顔合わせ会の縮小開催、研修会中止	目標・戦略の確認	Ⅲ～Ⅳ	c	ア・イ
2021	コロナ禍により顔合わせ会・研修会の縮小開催	目標・戦略の確認	Ⅲ～Ⅳ	c	ア・イ

段階の凡例

I	設置・支援体制
II	エンパワーメント
III	戦略・体制構築
IV	実施・促進
V	評価・改善
VI	上記のサイクル化

評価の凡例

ア	広報紙作成配付
イ	学識経験者助言
ウ	新聞に記事掲載
エ	県優良校表彰
オ	県事業認定
カ	県知事来校
キ	文科省他表彰

研修の凡例

a	教職員研修
b	教職員・ボランティア合同研修
c	年度始め顔合わせ
d	ボランティア懇談会

表4-5　B中学校の経過とコミュニティ・マネージメントの段階

年度	B中学校の経過	コミュニティ・マネージメントとしての段階	段階	研修	評価
2013	取り組み開始、事業本部設置 実行委員会開始	ビューロー設置、行政の支援体制、コーディネーターの確保	I〜II	b	ア
2014	県知事来校 校区地域運営協議会開始、学識経験者の助言開始（現在に至る）	参加促進、学校と地域の関係強化、目標の確認	II〜III	b	カ・ア・イ
2015	県「頑張る学校応援事業」実施校認定 ボランティア・教職員の顔合わせ会開始、校区地域運営協議会開催	外部からの評価、目標の共有、戦略づくり、活動の促進	III〜V	c・b	オ・ア・イ
2016	社会福祉課と連携開始、校区地域運営協議会開催	行政の支援体制強化、目標の共有、活動の促進	III〜IV	c・b	ア・イ
2017	県教育公務員弘済会論文賞受賞、生徒による地域の盆踊り復活、校区地域運営協議会開催	外部からの評価、目標の共有、戦略づくり、活動の促進	III〜V	c・b	キ・ア・イ
2018	文部科学大臣優秀教職員表彰受賞、日本教育公務員弘済会奨励賞受賞、校区地域運営協議会開催	外部からの評価、目標の共有、戦略づくり、活動の促進	III〜V	c・b	キ・ア・イ
2019	校区地域運営協議会開催	目標の共有、活動の促進	III〜IV	c・b	ア・イ
2020	コロナ禍により校区地域運営協議会を縮小開催	目標の共有、活動の促進	III〜IV	b	ア
2021	コロナ禍により校区地域運営協議会を縮小開催	目標の共有、活動の促進	III〜IV	c・b	ア

業開始 10 周年イベントによる自己評価など、節目となる時期に評価の機会があり、適度な頻度でエンパワーメントされたことに注目したい。

　参考として、表 4-5 は後発した B 中学校の経緯を示している。発足後 2 年で定着し、3 年目には目標共有・活動促進・評価というルーティンが確立し、外部からの評価が得られている。5 年目には生徒による地域の盆踊り復活が実現しており、地域の課題を学校が支援して改善を図る活動へと発展した。なお、開始 2 年目に校区の小中合同による地域運営協議会を開始し、4 年目には市の社会福祉課と連携するなど、事業開始直後から実効ある連携体制を築いていることが注目される。外部からの評価は、その後も続いている。

　このように、学校地域協働活動の発展過程をみると、コミュニティ・マネージメントの経緯を辿っていることがわかる。A 中学校では、学校の担当者と地域ボランティアのコーディネーターが話し合いながら、学校の要求に地域ボランティアができるだけ応えるという姿勢で進めている。他方、B 中学校では、校長のリーダーシップの下で、効果が予測できる個性的で多様な活動を実施し、地域ボランティアが協力する体制をとっている。両中学校とも 2・3 年で事業が定着していることから、準備段階として開始後 2・3 年でその地域に合った体制として定着することが重要といえる。そして開始後 3 年で活動を停止するケースが散見されることから（時岡・大久保・岡田，2015）、初期段階に地域の状況を反映させるような工夫が必要であるといえる。合同研修会や顔合わせ会は担当者の人間関係構築にも役立つほか、広報紙の作成・配布などで地域に活動の理解者を増やすことも考えられる。継続的な活動のためには地域と学校の関係再編がポイントであり、参加者の満足度や成果の評価が低下したとしても、関係構築できて活動を継続すれば生徒や外部からの評価などでエンパワーメントされて上昇に転じることになる。

6.　活動のビューローとしての地域学校協働活動

　このように協働活動自体にコミュニティ・マネージメントのプロセスが認め

表 4-6　地域学校協働活動の進め方と課題

段階	ポイント	地域学校協働活動の進め方
I	設置・支援体制	コーディネーターの確保、ビューローとしての協働本部設置 設置の段階で行政の支援体制は確立 情報収集・保管システムの整備が課題
II	参加促進	ボランティアの参加で学校と地域の関係強化 活動の持続によりエンパワーメント さらなる参加促進・ボランティア増員が課題、初期アンケート
III	戦略・体制構築	大目標「生徒のため」「学校支援・地域支援のため」は共有している 具体事業のアイデアや戦略づくりが必要 実施によりマネージメント体制を構築 特にまちづくり活動に直結する事業やそのための戦略・体制づくりが必要になる
IV	実施・促進	事業や活動の実施や促進 地域や学校の実情により進め方を工夫する まちづくり活動に発展するポイント 事業実施の間に目的が変化することも起こりうるので活動の具体的内容についてのチェック必要、公民館行事などを活用する
V	評価・改善	評価と自己改善 ボランティアの意欲が向上し、活動が定着することで、逆に充実感・満足度の低下が生じることがあるため、特に評価が重要となる
VI	サイクル化	全体としてサイクル化する 従来も関係者の交代によって消失した活動は多いため、会長・コーディネーターや学校側の担当者が交代しても継続できる体制づくりが必要。3年毎程度にエンパワーメントされる機会があることが望ましい

られることから、その展開によって他の地域活動のビューローとなりうるといえる。地域と学校の協働体制の構築は、学校を核とした地域づくりへの展開であり、学校をプラットフォームとするまちづくり活動である。従来から実施されてきた学校プラットフォーム事業では、学校という場を借りておこなう活動であり、主催するメンバーや教員が計画して参加者を募るかたちで実施されてきた。しかし、協働活動では、地域と学校が協働して支援し合うことで、生徒や地域ボランティアも共助を実体験することになる。受け身だけではないことを経験することで、自発的な活動へ展開しうるのである。しかも、それぞれの

学校や地域に合った活動内容にすることができるため、子どもや地域住民への関心が相互に高まり、善意を集めることになる。これが、まちづくりの原点となるのではないだろうか。

まちづくり事例調査から導かれた組織づくり（山崎，2012）に照らしてみると、協働活動における組織づくりは下記のように捉えることができる。

①市町の総合計画に位置づいている

「コミュニティ・スクールとの一定的推進」として取り組まれていることも多く、教育委員会主導で地域学校協働活動に取り組むケースも多いため、総合計画に位置づけることは可能である。

②事業の明確な推進組織を設置、多様なメンバーを含む

協働本部が明確な推進組織であり、メンバーも地域によって多様であるが、さらに行政や民間の幅広いメンバー構想が必要である。

③コーディネート機能の充実（情報収集・保管システムの整備、スタッフ研修の実施など）

地域・学校に合わせたコーディネート機能が必要であり、情報収集・保管システムの整備は急務である。スタッフとしてのボランティア研修の充実も必要である。

なお、これらを先のコミュニティ・マネージメントと合わせると、地域学校協働活動の進め方と課題は表4-6のとおりに示される。

7. 地域学校協働活動の「あるある」

A中学校では2008（平成20）年の事業開始から13年が経過し、会長の交代やボランティア参加者も少しずつ入れ替わりながら活動を継続している。2021（令和3）年の現在は新型コロナウイルス感染症のまん延防止措置が取られて従来の活動が中止される傾向にあるが、そうした中でも学校とコーディネーターが相談しながら進めており、ボランティアが学校の心配をする場面や活動中止を残念がる様子も多くみられ、回数減や対応の工夫について理解が得られ

たうえでの実施となっている。こうした不測の事態に際しては学校と地域の信頼関係、特に学校の担当者とコーディネーターの協力関係が試されるが、協働によって乗り越えることでさらに相互の信頼が高まることになる。

　2021年度の研修会では、感染防止の対策をおこなって実施し、参加者は40名と例年の半数程度となった。有識者の講話をふまえて教員とボランティア合同のグループで話し合うのが恒例であるが、今回はワークショップの手法として意見をカードに記載して掲示しKJ法を参考に集約して類型化していく手法であった。テーマは「学校支援あるあるを語ろう」で、「生徒／喜んだこと」「生徒／困惑したこと」「教師・ボランティア」「地域」のそれぞれに関する内容について気づくことをカード1枚に1件として枚数には上限を設けず記述し、掲示板にそれぞれ近いと思う意見の周囲に張り付けていった。参加者にはボランティアとして事業開始当初から10年以上参加している方や3年目という若い方もおり、教師も事業開始当初を経験したあとに異動し近年に戻った方や新任教師もいるなど多彩であり、計130件の意見が出された。予想どおり「生徒／喜んだこと」が最も多く（59件）、生徒の喜んだ反応が喜びとなる、生徒の変化や成長にかかわったことの喜び、生徒と地域の良好な関係がわかること、卒業後も良い関係が継続していることに分類された。「生徒／困惑したこと」は最も少なく（16件）、生徒の多様な質問に答えられない、企画した活動に反応が少なかった、生徒の活動意欲の低下などであった。「教師・ボランティア」も多く（37件）、相互に安心感や頼りがいがあること、相互の関係づくり、教師がボランティアから刺激を受け多くを学ぶことに分類された。「地域」は少なく（18件）、期待していたほど多彩な意見はなかったが、地域から生徒への温かい眼差し、地域の情報共有に分類された。

　これらの意見に地域学校協働活動の原点をみることができる。生徒とのかかわりや生徒の成長が活動の力となり、活動によって教師とボランティアの関係が構築され、地域から学校や生徒への対応が変化することが示されており、活動に際して情報不足や行き違いなどが発現し解消することを繰り返すものであることがわかる。そうした中でエンパワーメントの重要性が再認識される。今

回のワークショップでは、長く担当している方々にとっては活動の振り返りであり、評価した内容を相互に確認するとともに、新しく参加した方々の意見に触れて初期の活動における混乱やこれまでの成果を思い描く貴重な機会となった。新しく参加した方々はあらためて活動の意義や成果を知るとともに、情報不足や行き違いが起こり得るとわかったことで今後の活動への不安を軽減する機会となった。こうした会の実施が協働活動の自己評価につながるものであり、関係者のエンパワーメントが期待できる。

8. キーパーソンとなりえる人材の育成プロセス

　文部科学省のホームページでは、地域学校協働の進め方として図 4-1 のとおり示されている。開始に当たっては、コーディネーターが地域住民に対してボランティアを募集し、人材リストと活動リストを作成し、学校へ紹介して協力依頼を受ける、という流れである。当初から現実にこうした対応ができるコーディネーターが各地域に存在するだろうか。現在のところ多くの地域で事業開始時には発起人が賛同者を集め、それぞれの地域に合ったやり方で参加者を募っていると思われる。2014（平成 26）年に中四国 9 県を対象として実施した調査では、地域の側の窓口となる担当者は「公民館関係者」「元学校関係者」「民生委員など」が挙げられるが、「その他」が最も多かった（時岡・大久保・岡田，2015）。すなわち、立場や肩書きが重複する人や、これらには該当しな

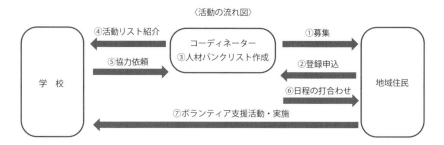

図 4-1　地域学校協働活動の進め方（文部科学省ホームページより）

いが地域のキーパーソンであるケースがほとんどを占めていたのである。このようなキーパーソンの存在があることが、事業の成否に大きくかかわっていると考えられる。多くの地域にはこうしたキーパーソンがいると思われるが、学校が地域の状況に精通しなければ出会えない。今後に向けて育成することを考える必要がある。

ところで、中四国調査におけるボランティアの活動部会の決め方では「学校からの要請に応じて」が多く、次いで「専門性や特技を考慮」「興味がある活動」となっており、ボランティアの状況より学校が求めるものを優先したことがわかる（時岡・大久保・岡田，2015）。ボランティアにとって当初は学校が求める活動の支援をすることから始まったとしても、それだけで長期間にわたって継続することは難しいのではないか。ボランティアの充実感や満足度を考慮すると、学校が求める支援だけでなく、地域の特性やボランティアの個性を生かす活動を考えたい。それを模索していく中でキーパーソンが育成されることもある。また、それが事業を継続する力となるのではないだろうか。

9．事業の推進に向けて

現代における生活の個別化・孤立化の進展を背景として、自己責任を問われる自助や公的支援の充実を図る公助についてはこれまで様々に検討されている。中でも深刻であるとされた地域の教育力の低下については、潜在化している力を顕在化する取り組みが必要だろう。

地域における高齢者・子どもを対象とする取り組みは、現在では多様な活動主体による多彩な活動がみられるが、今後は少子高齢化をふまえて徐々に統合を図っていく必要がある。そのような中で学校を基点とする子ども支援の活動は、これらを統合していく契機となるだろう。支援される存在から支援する側への転換、そうして支援した子どもたちから支援される経験、これらが活動を持続可能にする要点の一つといえるのではないだろうか。

また、教育課程への位置づけを考えることが必要となる。各地域や学校で現

在進行している協働体制は、その多くが教育課程やカリキュラムに位置づけられてはおらず、文科省が推奨する先進事例のおいても、カリキュラム外で実施されている。前述したように、多彩な学校支援活動を統合していこうとするなら、また、地域と学校の協働をより効果的な実施のためにも、教育課程やカリキュラムに位置づけることを考える必要がある。それぞれの活動が、それぞれの都合によって勝手に実施されるのではなく、例えばカリキュラムマップに位置づけることで可視化されれば、教科の相乗りや複合的な実施も可能となるのではないか。それによって、教育効果もより高まることが期待できる。すでに実施されている地域学習や特定教科の授業補助などは、枠組みや手順を示しやすい。学校行事との関連で位置づけることも有効であろう。

　現在の見守り活動に代表されるように、協働活動の参加者は高齢者が多い。その背景として、序章でも触れたが、高齢者が多忙な保護者世代をサポートするための活動や、高齢者自身の社会的活動や生涯学習活動の一環としておこなわれることが挙げられる。リタイア後の生きがいや社会貢献への期待から高齢期の過ごし方が変化しており、余暇ではない充実した過ごし方を模索するようになっている。保護者世代の側からみれば、共働き世帯の増加、ライフスタイルや家族構成の多様化、ひとり親世帯急増などをふまえれば社会における子育て支援の活動は必要不可欠で、特に学校との協働で展開される活動は安心して任せられるものである。家族についてみれば、生活の個別化が進み他世代との交流が少なくなっており、三世代家族であっても日常の生活行動は別々で共有時間は短い状況にある中で、子どもと高齢者の関係づくりや、自分以外の家族との関係構築を図る機会は貴重である。また、社会構造からみると、少子高齢化の進展によって地域で子育て支援が求められ、地域全体で子どもを育てるという考え方が広まってきた。

　地域学校協働活動は、地域住民との新たな関係だけでなく、自分の家族や子ども・孫との関係を構築するものとなる。活動することで充実感や自己有用感が得られ、学校に行ったり生徒に会えるのが楽しみでもあり、何よりこれらが揃っているのが貴重である。これらが得られることが活動を継続するうえでも

重要である。何を成果と捉えるかによって活動内容は大きく異なる。それぞれの地域や学校の取り組み成果を可視化し、あらためて課題を発見することで事業の継続につながるといえよう。

　ところで、先に紹介したＢ中学校では、地域学校協働活動を契機として中学生が地域の高齢者を支援する活動を展開し、そうした中で中断していた地域の祭りを復活させてほしいと高齢者から要望され、中学生が核となって地域住民を巻き込んで祭りの開催を実現した（時岡・大久保・岡田・平田，2021）。まさに、子ども・高齢者が参画する地域学校協働のまちづくりとして一つの形である。この経緯を紐解いてみれば、どの場面においても、支援する側が楽しく満足感を持てて充実していること、支援される側が思いや感謝を正しく伝えること、そうして両者の関係が構築されたことがベースとなっている。全国でも伝統的な地域行事の復活や実施に、学校や子どもたちが尽力した例は多くみられるが、それらが一過性のものでなく継続するには、ベースとなる関係の構築が重要であるといえよう。

▶文献

齋尾直子・藍澤　宏・土本俊一（2000）．公立小・中学校と地域社会との複合化水準とその計画要件に関する研究 —— 学校と地域との「空間の共用化」及び「活動の融合化」を視点として —— 日本建築学会計画系論文集, *530*, 119-126.

菅原麻衣子・藍澤　宏・山田将史（2007）．小学校における地域の教育力を活かした活動発展の要件 —— 次世代に向けた教育環境の整備指針と方法　その1 —— 日本建築学会計画系論文集, *611*, 37-43.

大久保智生・岡鼻千尋・時岡晴美・岡田　涼・平田俊治・福圓良子（2013）．学校支援地域本部事業の取り組み成果にみる学校・地域間関係の再編（その3）—— 学校の取り組みへの認知と地域社会での交流関連 —— 香川大学教育実践総合研究, *27*, 117-125.

大久保智生・時岡晴美・平田俊治・福圓良子・江村早紀（2011）．学校支援地域本部事業の取り組み成果にみる学校・地域間関係の再編（その2）—— 生徒、地域ボランティア、教師の意識調査から —— 香川大学教育実践総合研究, *22*, 139-148.

時岡晴美・平田俊治（2020）．地域学校協働活動による主体的な地域づくりの可能性 —— 中学校と地域社会の連携の在り方に関する研究（その5）—— 日本建築学会四国支部研究報告集, *20*, 67-68.

時岡晴美・平田俊治（2021）．コミュニティ・マネジメントの観点からみた地域学校協働活動の可能性 —— 学校と地域社会の連携の在り方に関する研究（その7）—— 日本建築学会四国支部研究報告集, *21*, 25-26.

時岡晴美・大久保智生・岡田　涼（2015）．学校支援地域本部事業の中学校における取組事例とその成果 —— 中学校と地域社会の連携の在り方に関する研究（その1）—— 日本建築学会四国支部研究報告集, *15*, 149-150.

時岡晴美・大久保智生・岡田　涼・平田俊治（2021）．地域と協働する学校 —— 中学校の実践から読み解く思春期の子どもと地域の大人のかかわり —— 福村出版

渡邊　恵・藍澤　宏・菅原麻衣子（2007）．小学校における活動展開の人的要件 —— 地域の教育力を活かした学校と地域との連携体制のあり方に関する研究 —— 日本建築学会計画系論文集, *614*, 81-88.

山崎　亮（2012）．コミュニティデザインの時代 —— 自分たちで「まち」をつくる ——
中央公論新社

第 5 章
伝統的地場産業地域のまちづくり
—— 備前焼窯元集積地域の現在

1. 伝統的地場産業地域への注目 —— まちづくりの観点から

　伝統的地場産業地域は、地域と文化に深くかかわっている。地域に存在する自然素材の特性を引き出す工夫と自然特性に沿ったものづくりが伝統的地場産業であり、歴史的経過の中で継承してきたものだけでなく、地域においてその良さを守り育ててきたところにも魅力がある。また、伝統的地場産業の発展は他の産業への波及効果や、蓄積された技術が新たな産業を生み出す効果もあり、地域の生活に大きな影響を与えるものである。しかし、現代では、安価な海外製品の輸入増加や、消費者ニーズの多様化、後継者不足などの問題が顕在化し、多くが小規模業で営まれていることもあって、業種を問わず共通して厳しい状況に置かれている。産地概況調査によれば、企業数、従業員数、生産額のいずれも大幅に減少しており、伝統的工芸品産業においても同様に企業数、従業者数が大幅に減少している（日本総合研究所，2016）。いにしえから継承されてきた人間の知恵と美的感覚、共同社会の連帯感によってつくられ、地域と深くかかわり、生活に潤いと愛着をもたらす伝統的地場産業の衰退は、地域の衰退にも拍車をかけている。

　こうした厳しい状況にある伝統的地場産業地域において、まちづくりの重要性が語られている。しかし、その多くは経済的な波及効果に言及するものや、行政や業界団体が中心となるものに終始し、地域住民の活動としての既存研究は少なく実践事例も多くない。また、伝統的地場産業の販売促進や、後継者の確保を主眼とするものが多い傾向にある。地域を挙げて祭りの実施や、観光客

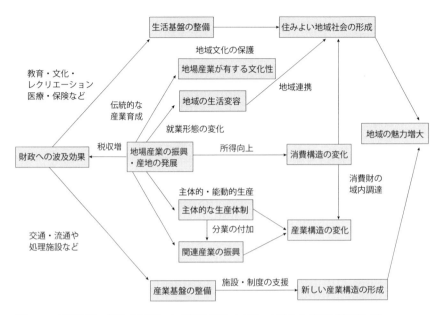

図5-1　地場産業・産地の振興による波及効果（小原，1996を参考に筆者作成）

を対象とした観光ルートの設定、学校教育現場への地域文化の紹介や教育プログラムなど、伝統産業を観光資源として取り組む事例が多く見受けられる。こうした観光振興や販売促進対策だけでは、伝統的地場産業地域のまちづくりとして十分といえないのではないか。

　まちづくりには、その前提として共通の生活基盤を有する地域社会があり，共有されている共同体文化があるといわれている（石原・西村，2010）。このため伝統的地場産業の発展は経済効果だけでなく地域生活全体の変化に多大な影響を及ぼす（図5-1）。さらに、伝統的地場産業の衰退は地域の衰退をもたらすことにつながる。一方で、まちづくり活動が活発化すれば地場産業の後継者育成につながり、地域コミュニティの再生をもたらすなどの波及効果が予想できる。そこで、地域の祭りの開催や地域ブランドとして確立するなど、伝統的地場産業を観光資源や地域文化の核として地域の魅力を創出・再生することが求められているのである。

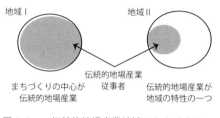

伝統的地場産業地域

地域Ⅰ　　　　　　　　地域Ⅱ

伝統的地場産業
従事者

まちづくりの中心が　　　　　伝統的地場産業が
伝統的地場産業　　　　　　　地域の特性の一つ

図 5-2　　伝統的地場産業地域のまちづくり

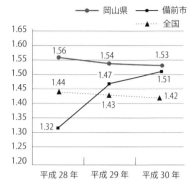

図 5-3　近年の合計特殊出生率の推移

　こうした地域では、地域住民のほとんどが地場産業に携わっている場合と、地域住民の一部のみが地場産業従事者である場合とでは、まちづくりの内容や方向性が大きく異なる（図 5-2）。近年はいずれも観光振興と連携したものが多く、行政や業界団体、従業者が中心となって観光振興を図り、伝統的地場産業の販売促進や後継者の確保を目的としている。一方でまちづくり活動を実践する地域住民の活動実態やその展開について着目されることは多くない。しかし、伝統的地場産業地域の特徴をふまえれば、地域コミュニティの再生をも視野に入れて、地域のまちづくりとその方向性の中で伝統的地場産業をどう位置づけていくのかを考える必要がある。ここでは、近年、住民による多彩な活動が展開されている備前焼窯元集積地域に注目して、住民によるまちづくり活動の効果と課題について考える。

　備前焼窯元集積地域においては、近現代における備前焼の盛衰を経ながらも特徴的な町並みが形成されており、近年では若い世代が継承したり新たに流入するなど注目され、最近では映画のロケ地となったり、人気アニメーションとのコラボレーション企画によって SNS で取り上げられる機会が増えている。こうした活性化対策の背景には 10 年余にわたる住民主体の活動があり、特徴的で多彩な取り組みを展開している。近年少子化が進展する中にあって備前市では合計特殊出生率が上昇しており（図 5-3）、特に伊部地区では人口減少が緩和

表 5-1　伊部地区ならびに備前市の人口

年次	伊部（人）	新備前市（人）	旧備前市（人）
1990（平成 2）年	4,463	—	31,747
1995（平成 7）年	4,430	—	30,873
2000（平成 12）年	4,336	—	29,424
2005（平成 17）年	4,190	41,919	28,002
2010（平成 22）年	4,034	39,002	26,151
2015（平成 27）年	4,052	36,872	25,814
2020（令和 2）年	4,042	34,003	28,882

備前市役所住民課の各年データより作成

される傾向にある（表5-1）。まちづくり活動との相関は明らかにされていない
が、活気あるまちや住みやすいまちづくりのヒントがあるのではないだろうか。

2.　備前焼の歴史と町並み形成

　備前焼は岡山県の伝統的地場産業の一つで、千年余にわたって伝統的な製法
が継承されてきた陶芸であり、現在、岡山県東南部に位置する備前市に約300
名の備前焼作家が築窯している。備前市は兵庫県との県境に位置し、西端には
岡山県三大河川の一つである吉井川が
流れ、中部には片上湾、南部には瀬戸
内海が広がる（図5-4）。「平成の大合
併」によって現在は伊部地区を含め9
地区となった。2021（令和3）年現在
人口32,819人、総面積258.14㎢である。
　備前焼は全国六古窯（常滑、瀬戸、
越前、信楽、丹波、備前）のうち最も
古く、起源を辿ると漢の土器、新羅陶
などの軌上にあるとされる（加藤,

図 5-4　岡山県備前市の位置

1972；桂，1976；佐々木，1991）。5世紀には百済から須恵器が伝わり、奈良時代にかけて現在の備前市伊部のあたりが須恵器製造の中心となったと考えられ、須恵器の後期になって現在の備前焼へ移行したとみられる。12世紀頃には伊部周辺の山麓に半地下式穴窯が築かれ、甕・瓦・鉢などが製造されていた（山本，2005）。鎌倉中期には中世窯としてその原型が完成し、室町時代には隆盛を極め、末期頃からは大窯が築かれ、製品は甕・壺・擂鉢を中心に生活雑器も生産されていた。茶の湯が起こると茶陶として見直され、豊臣秀吉は北野の大茶会に備前焼を用いている。

　伊部地区は備前焼の原土「ヒヨセ」が採取されるところで、水田の下1～3mの深さに堆積している粘土質の田土に山土や近隣の低湿地の堆積層である黒土を混合するのが江戸時代以来の伝統的な陶土である。備前焼はいわゆる釉薬を使わず、登り窯で7～10日間、1,000～1,300度を持続するため、燃料の松割木の灰が積もって溶融したものが釉薬となる。窯焚きに必要な燃料となる赤松など木々も豊富な山々や谷々に囲まれ、製品搬出に重要な海上交通として片上湾と吉井川があり製品搬出にも有利な土地であった。河口近くには中世の物資集散の地であった備前福岡市があり、「一遍聖繪」に描かれた「福岡の市」中に備前焼の瓶類を並べて販売している部分があり（一遍聖繪第4巻）、近世までにはかなり生産され流通していたとみられる（黒田，2000）。現在も窯址が残る大規模な共同窯で、地域を挙げての大量生産であったと考えられ、伊部地区の旧山陽道に沿ったほとんどの家で備前焼が製作あるいは販売されていた。

　江戸中期には岡山藩の重要産業として藩による保護政策がとられた反面、種々の統制に縛られた。有田・瀬戸などの施釉薬陶磁器が盛んになった影響もあって活気はなくなり、文化・文政年間（19世紀初頭）には不況に陥った。天保年間（1830～1844年）には打開策として小型で経済的な連房式登窯（融通窯）が造られたが、肥前・瀬戸などの磁器には対抗できず生産量も減少していく。明治期には藩の保護を失い、西洋化の風潮に伴って衰退し、土管の製造が始まるものの陶工は減少して共同窯は閉鎖され個人窯のみとなる。第二次世界大戦時には軍需重要物資の生産地として活動し備前焼で手榴弾を製造したこと

写真 5-1　旧街道の備前焼窯元と　　写真 5-2　登り窯と煙突が見える町並み
　　　　　民家が連坦する町並み

もある。戦後になって伝統手法が評価され、1956（昭和31）年には金重陶陽
氏が重要無形文化財保持者（人間国宝）に指定された。現在までに5人の人間
国宝を輩出している。現代では、高度経済成長期や1972（昭和47）年の山陽
新幹線開通、1988（昭和63）年の瀬戸大橋開通などによる好景気を背景に隆
盛し、日常雑器から芸術的なオブジェまで多彩な作品がみられるようになった。
　現在も備前焼作家や窯元の多くは備前市伊部に築窯し営業しており、こうし
た窯元や店舗と民家が共存して伊部の町並みが形成されている。旧山陽道に
沿って展開する町並みは、多くが明治時代から昭和初期に建てられており特別
に古い町並みとはいえないものの、路地の奥に煉瓦造りの煙突があり、通りに
面した備前焼のギャラリーや窯元の店舗越しの露地奥に煙突がのぞく景観は個
性的で伝統を感じさせる（写真5-1、5-2）。

3.　備前焼窯元集積地域の町並みとライフスタイル

　1974（昭和49）年には都市計画法に基づく用途地域指定により、個人窯も
陶磁器の製造工場と見なされて規制の対象となり市街地での築窯や建築物の増
築ができなくなった。現在も備前焼の窯元や作家が集積しているのは伊部地区

表 5-2　家業と家事の参加度からみた夫妻の役割分担類型

	パターン				
夫妻の労働時間	夫＜妻		夫＞妻		
夫の家事参加	無		無		有
妻の家業参加	有	無	有	無	
タイプ	I	II	III	IV	V
	伝統的タイプ	非伝統的タイプ			

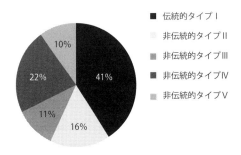

■ 伝統的タイプ I
□ 非伝統的タイプ II
■ 非伝統的タイプ III
■ 非伝統的タイプ IV
■ 非伝統的タイプ V

10%
22%
11%
16%
41%

図 5-5　備前焼作家の夫妻の役割分担

で、14 軒の窯元もこの地区にある。南側を JR 赤穂線と国道 2 号線が通り、200m 程度北に入った旧山陽道に面して店舗が連担し、その多くは作陶から販売まで店舗併用住宅で営まれている。

　現在の作陶と販売の方法をみると、備前焼作家である夫が住居奥の作業場で作陶し、作家ではない妻が表の店舗で販売するなど家族による役割分担のケースが多い（時岡，1982）。夫妻の分担からみると伝統的役割分担であるが、1990（平成 2）年に実施した調査では家業と家事の参加度から、こうした伝統的タイプだけでなく、新しい四つのタイプが出現していた（表 5-2、図 5-5）。築窯年数との相関はみられず、現代においても伝統的なライフスタイルを維持している傾向にあるといえる（時岡，1991）。なお、併用住宅による店舗と作業場・窯が敷地内にあるため作家が店舗に出ることもある。また、備前焼作家が制作物を自身で販売する方法もあり、窯を持たない作家や店舗に人がいない場合など販売までを手がけることもある。逆に、作家が備前焼製作に専念し販売を業者に依頼するケースもある。特に近年では、夫妻の役割分担や家業と家事の分担にかかわらず多様化がみられる。

　伊部地区には、窯・店舗・住居が一体の併用住宅で家族経営のところが多く

存在しており、窯元や店舗と民家が共存して伊部
の町並みが形成されている（前掲の写真5-1）。伊
部の住民すべてが備前焼に従事しているわけでは
なく、窯元や備前焼のギャラリーと一般の民家が
共存して個性ある町並みを形成しているのである。

　序章で、住環境の悪化を懸念する事態が生じた
ことで住民の町並みへの意識が高まることを紹介
したが、伊部においてもこうしたケースがみられ
た。すなわち、2004（平成16）年に伊部駅前に
遊興施設の建設計画が持ち上がったために、住民

写真 5-3　住民有志による駅
　　　　　前公園整備

の環境保全や伝統的町並み保存への意識が高まったことがあった。住民有志が
出資して「いんべまちづくり会社」を設立し、建設予定地を買い上げて駅前公
園として整備したのである（写真5-3）。その後のまちづくり活動では、イベン
ト開催などの重要な拠点となっている。なお、当時は町並み変容を伴う道路整
備計画への反対運動が起こったこともあり、これらが住民にとって町並み景観
や住環境への関心が高まる契機となったとみることができよう。

4．住民のための賑わい創出
── 「いんべ100万人プロジェクト委員会」活動の展開

　2009（平成21）年11月に発足した「いんべ100万人プロジェクト委員会」
は、低迷する地域に対する地域住民の危機意識から、伊部に観光客を誘致して
賑わいを創出することで周辺地域にも活気を呼びこもうと発想したものである
（時岡，2012）。当時の伊部駅周辺への観光客は年間約10万人程度であったこ
とから、伊部を年間100万人が訪れるまちにしようとの意気込みで始まった。
当初のメンバーは9名で、3名は備前焼産業に従事しているが、他のメンバー
は地域内または近隣地区で自営業を営んでいる。行政や他の団体等の支援はな
く、委員会メンバーの出資と加盟店からの会費で運営する。個人ベースの活動
で、特にJR伊部駅周辺に集積する伝統的な町並み景観と備前焼をアピールす

写真 5-4　イベント開催時の　写真 5-5　備前焼まつりの
　　　　　賑わい　　　　　　　　　　　臨時店舗

ることで観光振興を図ろうとしている。具体的な取り組み内容と成果は以下に紹介するが、現時点では必ずしも観光客増加には直結せず、地域住民が集まる場となり、地域住民の楽しみとなって、地域の祭りに発展している（写真 5-4、5-5）。すなわち、観光客を呼ぶためのイベントを企画したが、結果的に地域住民のための賑わい創出となった。しかし、この活動によって、地域住民が集まって楽しめる場が重要であるとの認識が広まったといえる。

「いんべ街並みギャラリー」の活動概要とその成果

　備前焼店が連坦する伝統的町並みには、ファサードにショーウィンドーを有する店が多いので、これらを利用して町並み景観をギャラリーに見立て、期間毎に設定したテーマに沿って各店が飾り付け、これらの展示を楽しみながら町並みを散策できる小イベントを開催するものであった。2010（平成 22）年 1 月から開催し、56 店舗が参加している（図 5-6、写真 5-6、5-7）。プロジェクトで最初に取り組んだ活動で、資金をあまり必要としないため取り組みやすく、参加店同士の交流が生まれるなど利点も多いが、取り組みの意図がつかみにくく必ずしも当初の目的は果たせなかったため、活動は 4 年で休止となった。

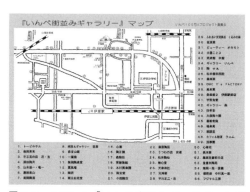

図 5-6　イベント「いんべ街並みギャラリー」の
　　　　マップ

「器楽市」の活動概要とその成果

　前述の「いんべ街並みギャ
ラリー」に観光客を誘導する
ためにはイベントが必要とい
うことで、月1回、第三日曜
日にJR伊部駅前の土地を借
りて、備前焼の出店のほか、
飲食・特産品・その他フリー
マーケットなどの出店を募っ

写真 5-6、5-7　「いんべ街並みギャラリー」の店舗

て開催した（表5-3、写真5-8、5-9）。2010（平成22）年5月から開始して徐々
に定着し、訪れる住民が増加し住民同士の新たなコミュニケーションの機会と
しても機能している一方、必ずしも観光客の誘致に直結していない。準備や実
施運営などにプロジェクトメンバー全員が奔走するなど、多大な負担がかかる。
このため2012（平成24）年からは開催回数を年4回に減じ、2014（平成26）

表5-3　イベント「器楽市」と「街並みギャラリー」の並行開催

器楽市（通常11：00〜15：00）		街並みギャラリー	
開催日	備考	開催日	テーマ
3月6日（日）		3月5日〜9日	桃色
4月3日（日）		4月2日〜6日	桜色
5月3日（火・祝）	備前焼チャリティー（歩行者天国）	5月2日〜6日	黄緑
6月5日（日）		6月4日〜8日	紫
7月30日（土）	夜市（むかし夜市）−子ども対象	7月29日〜8月2日	青・水色
9月10日（土）	夜市−大人対象・灯街道同時開催	9月9日〜13日	藍色
10月2日（日）		10月1日〜5日	黄色
11月3日（木・祝）	片鉄ロマンウォーク大会に協賛（歩行者天国）	11月2日〜6日	橙色
12月4日（日）		12月3日〜7日	赤

写真 5-8　イベント「器楽市」の開催　　写真 5-9　「器楽市」の幟

年以降は休止とした。内容を充実させる方向で検討し、他のイベントへ発展している。

「昔夜市」の活動概要とその成果

　前述の「器楽市」が新たな住民同士のコミュニケーション機会となったことから、地域住民が集まるイベントとして「昔夜市」を開催することとし、同時にプロジェクト活動の取り組みを周知する機会となっている。「昔夜市」では子ども向けに昔の遊びをしたりゲーム大会や夜店を出すなどして地域住民に大変好評を得ており、プロジェクト活動への理解も深まるなど成果がみられるため、今後も継続される予定である。

「灯街道」の活動概要とその成果

　「灯街道」は、地域住民が集まる大人向けのイベントとして、同時にプロジェクト活動の取り組みを周知する機会とするために開催しているもので、備前焼の灯籠を製作して通りに沿って灯りを配置し、夜店を出して夜の街歩きを楽しむという賑わい創出を図るものである（写真 5-10、5-11）。2018（平成 30）年から始まり現在まで 8 回実施している。この間、備前焼が当たるスタンプラリーの抽選や、2013（平成 25）年からは備前焼灯籠を並べた川の中に特設舞台を設えて和太鼓演奏もおこなっている。前段階として夏には、備前焼灯籠を

作成する有料の企画、
子ども焼き物教室で
の灯籠制作などもお
こなう。

写真5-10　イベント「灯街道」写真5-11　同、灯籠の点灯後
の準備（点灯前）

　2015（平成27）年
には、東会場として
天津神社、西会場と
して不老川を設定し、
両会場に備前焼灯籠
を設置するとともに、
両会場をつなぐ街路
に面した店舗や住宅でも、ファサード部分に灯籠や多様な灯(あか)りが点灯され、街
区全体が非日常空間となった。駅前広場に設置した本部で配布する団扇に両会
場でスタンプをもらって提出すると備前焼抽選に参加できる。東会場では子ど
も焼き物教室の作品を展示し、神社参道の石段には協力者から提供された備前
焼灯籠を設置するとともに、紙コップを利用した多数の誘導灯による演出も
あった。西会場では不老川沿いに備前焼灯籠を設置し、川面にはこの年はじめ
てアーティストとのコラボによる「備前ホタル」が浮かべられるとともに、特
設舞台では松明(たいまつ)を設置して「長船名刀太鼓」が演奏された。当日は15時から
の準備作業を、プロジェクト委員会メンバーと備前焼陶友会の若手作家が共同
でおこない、ライトアップは18時から開始して19時半からの太鼓演奏時には
200名以上の地元住民が集まった。担当責任者によれば、「昔夜市」「灯街道」
は「地域の祭り」といった様相になってきており、備前焼若手作家の協力が増
大したことと相乗効果があるとみられる。

「街並み華道展」の活動概要とその成果

　「街並み華道展」は、備前焼店だけでなく他の団体にも協力を仰ぐことに
よって賑わいを創出する目的で、加盟店の備前焼の花器を使用して備前市華道

連盟が生花を生けてギャラリーに飾るという試みである。2011（平成23）年から毎年実施しているが、2020（令和2）年と2021（令和3）年は新型コロナウイルスの感染拡大により中止した。当日は多くの観光客がまちなかを散策し、地域住民もふだんはあまり行かないような備前焼店を訪れる機会となった。地元の新聞記事に報道され、活動についての広報の効果も大きかったといえる。この活動により、加盟店と華道連盟が連携を図れたということが好評を得て、継続実施となっている。また、2018（平成30）年度からはさらに他のボランティア団体の協力を得て、店内に手作りの人形を展示するという企画を同時開催している。地域発のイベントとして認知されたことが次の展開をもたらした好事例であるといえる。

「まちづくり勉強会」の活動概要とその成果

「いんべ100万人プロジェクト委員会」では、プロジェクト発足当初から、月1回の勉強会を開催している。当初はまさに勉強することが多く、まちづくり活動に関する講演会や、「街並みギャラリー」実施のためのディスプレイ講座などを開催した。現在では「勉強会」というより「打合せ」中心になるといった変化がみられるが、勉強会の回数の増加、地域住民の参加を募るなどの改善策を検討している。

「備前焼お遣い物推進プロジェクト」の活動内容とその成果

2015（平成27）年から始まった新たな活動として「備前焼お遣い物推進プロジェクト」がある。備前焼陶友会青年部有志と加盟店に協力要請をおこなって、備前市内外の企業を対象にお遣い物として備前焼の使用を増やそうとするもので、100個以上の売り上げを想定して利用しやすい価格設定とした。試作販売では約200万円の売り上げがあり手応えを得たことで、今後は本格的に企業への宣伝・アピールをしていく計画でさらなる発展が期待されている。この企画は若手作家が中心となって推進しており、実際に備前焼の販売推進を目的としていることから、プロジェクト委員会によるまちづくり活動が始まった当

初とは性質が異なるといえる。

5. 活動の成果と将来像

前述の活動が賑わい創出の効果をもたらしているのか検討するため、伊部地区中心部の観光客や住民の往来に注目して通行量調査を 2010（平成 22）年 5 月〜 2011（平成 23）年 3 月に実施した。調査方法は目視による定点観測で、JR 伊部駅から旧街道に至った三叉路の地点を地区の中心部と捉えて観測地点とし、調査日は、毎月のイベント開催日と、それ以外の日常的な日である平日 2 日と日曜日である。「町なか東西往来」「駅方向へ」「駅方向から」の 3 ルートに分類し、「通行人」「自動車」「自転車・バイク」をカウントした。「通行人」については目視によるもののできるだけ詳細に把握するため、「性別」「年齢層（幼児〜生徒、青年層〜 30 代、中年層 40 〜 60 代、高齢層）」を記載した。

この結果によると、①人・自動車・自転車のいずれも朝の交通量が少ない、②人と自転車に比して自動車が非常に多い、③平日とふだんの日曜日の通行量はほぼ同等であることがわかった（時岡，2012）。「器楽市」当日では、①平日に比して人の通行量が多く、特に午後から多い、②平日と同じく人・自動車・自転車のいずれも朝の交通量が少ない、③平日と同じく自動車が非常に多いことがわかった。開催月別の比較では、特に 5 月と 11 月の通行量が非常に多くなったが、これは他の団体主催の行事と同時開催であった影響と考えられる。他の月はふだんの日曜と大差がみられず、気候に多少左右されるものの「器楽市」による目立った集客効果は認められなかった。

これらの検討から、既存の地域組織との連携と地域住民に対して地域の魅力を創出する機会が不足していることが明らかとなった。また、備前焼に携わっている住民とそれ以外の住民では、まちづくり活動への期待や取り組み方に温度差があることから、いかにその解消を図るかも早急に取り組むべき課題である。伝統的地場産業地域の特徴として、当該産業に携わる住民の多少による地域特性が挙げられるが、まちづくりの課題や方向性は地域における伝統的地場

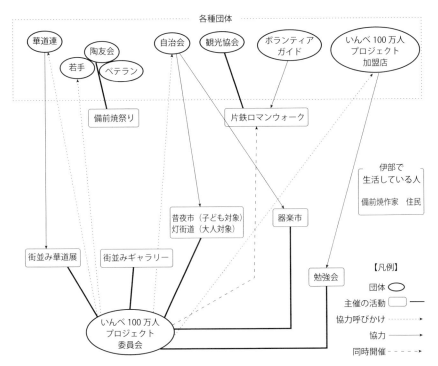

図 5-7 「いんべ 100 万人プロジェクト委員会」と他団体の支援関係

産業の位置づけ、地域における伝統産業関係従事者の多少によって異なる。改善策として、地域全体で地域の問題を共有する場の創出、それぞれに参加し活躍できる場を提供すること、参加者や地域全体に対して活動の成果が目に見えて伝わる工夫が必要であると考える。

　しかしながら、まちづくり組織の発足から5年が経過した時点で、徐々に伝統的地場産業の従事者の関与が増大し、後継者となるキーパーソンがプロジェクトでも重要な役割を担うようになった。「いんべ 100 万人プロジェクト」組織に備前焼若手作家の参加や関与が増加したことと、「灯街道」イベントの発展的な展開がリンクしていることは明らかである。活動組織が開放的で緩やかなことが影響しているとみられ、個人的な人間関係による参加や企画の一部を手伝う、打ち合わせを兼ねた飲み会に居合わせた人の参加を受け入れるなど、

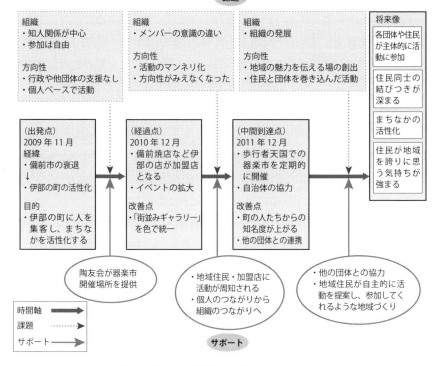

図5-8 「いんべ100万人プロジェクト委員会」の発展過程

人と人のつながりで活動自体は活性化している。その反面、背景には伝統的地場産業地域であることが前提としてあるとみられ、若手のキーパーソンは古くから続いた窯元の後継者で、新規参入者が慕って手伝いに参加するという構図が生じている。備前焼に携わる住民とそれ以外の住民の間にあるまちづくり活動への期待や取り組みの温度差については、地場産業に従事する若手の関与や尽力が温度差解消に一役を担うと期待できるのではないか（図5-7、図5-8）。

6. 陶工組織の変遷からみたまちづくりの課題

現代における産業構造のドラスティックな変化は、少子高齢化の進展と相

まって伝統的地場産業に多大な影響をもたらしているとみられる。伝統的地場産業地域は地域の文化に深くかかわるものであり、地場産業の盛衰は地域生活全体に多大な影響を及ぼすといえる。これまで伊部地区における調査研究に携わってきた中で、住民の中にある地域への愛着や誇りなど特有の地域感に触れることが多かったが、これらが備前焼という伝統的地場産業によってもたらされた地域文化の一側面と捉えることができるのではないかと考えられる（時岡・菅原, 2016）。そこで、一つの仮説ではあるが、備前焼の陶工組織に注目してその共同性の変遷と地域社会のかかわりをみることで、まちづくり活動のあり方に及ぼす影響について考察する。

　前近代における日本の地域社会では、個人や家族だけで生活を営むことは難しく、地域社会にはその生産や生活にかかわる多様な共同組織や集団が重層的に存在していた。こうした社会を成立させていたのがその地域住民の共同性であり、伝統的な地域社会には「共同性が埋め込まれていた」とみることができる。しかし、高度経済成長期以降の生活の近代化によって地域社会の生産様式や生活様式は大きく変容した。「生活の社会化」の過程を経ることで、かつて生産や生活を支えていた共同組織や集団は解体し、共同性が不可視化されるというプロセスがあることは農村社会の分析で多く論じられている（長谷部, 2007）。地場産業地域についてはあまり注目されてこなかったが、特に伝統的地場産業地域は地域に密着した生産・生業・生活が伝統的に継承されており、そうした地域に存在する共同性のあり方を分析することは喫緊の課題である。

　田中（2010）は、共同性を「根源的共同性」（必ずしも特定の場所を想定しない人間の存在前提としての共同性）、「場の共同性」（一定の空間・場所において成立する共同性）に区分した。前者は現実的な共同性として直接的に現れないのに対し、後者は共同性が社会的に具体的な形や行動に結びついて現れ、その範域が明確化されることで共同意識や共同の活動が生まれる。地域への帰属意識や共同の利害関係によって「場の共同性」は自覚化され、さらには明確な目的を持った共同性が存在するという。共同性を考えるうえでは、成立の仕方、範域、機能、変動をみる必要があるとしていることから、ここでは備前焼陶

工組織の発現や変動に注目する。

　千年にわたる備前焼の歴史は、窯の形態から熊山期（鎌倉時代）、浦伊部窯（室町初中期）、山麓窯（室町末期）、大窯（桃山以降江戸時代）、天保窯（天保以降）に分類できる（桂，1989）。陶工の共同性にかかわる最初の時期は、小窯から大窯に移行した桃山以降江戸時代である。それ以前は全長 10m 前後の規模が多く、原料の陶土と燃料の松木の取得が窯の立地決定のおもな要件で、資源を求めて窯を移動させ、販売には適さない立地に築かれていた。その後、需要の増大に伴って陶器の搬出の都合が最も重要視されるようになり、桃山時代には小窯を廃止し、伊部の南・北・西に三つの大窯（全長 50m 前後のもの）が築かれた。この時期に成立したのが共同窯の制度、共同による備前焼の生産組織である。窯焚きが共同になった要因として、藩による奨励・保護が始まったことが挙げられる。藩による統制策もおこなわれたことから陶工の共同窯組織は自立的に成立していたのではなく、藩との封建的な生産関係と、藩に対する強い依存関係を持っていた。共同性を担う主体は窯元六姓制度によって定められた窯株所有者であり、共同性の範域は非常に排他的・閉鎖的で、窯株保有者は厳しく制限された。大窯で備前焼の生産を効率的におこなって藩に奉公する一方、伊部という地域に対しては困窮した村方への救済機能も果たしていた。共同窯組織は、当時の支配者である藩という上位権力と村方という下位集団を媒介する存在であったといえる。

　その後、明治維新によって藩の保護・奨励策を失い、共同窯組織は解体に至る。欧化主義や旧物破壊の影響で備前焼はほとんど売れなくなり、大窯も廃止されて陶工は転職したり伊部の土地を離れるものまで現れた。土管製造会社を設立してわずかながら本来の備前焼も生産を続け、1887（明治 20）年、はじめての個人窯が築造され、共同窯組織による窯焚きの工程が個人の作業として取り込まれた。やがて個人経営の時代となり、昭和に入ると親睦組織としての新たな陶工組織である「岡山県備前焼陶友会」が設立された。1960 年代以降、高度経済成長等による空前の備前焼ブームで陶工が急増するが、新たな陶工はおもに地域外からの新規参入者であった。地域には備前焼の窯が急増し（図

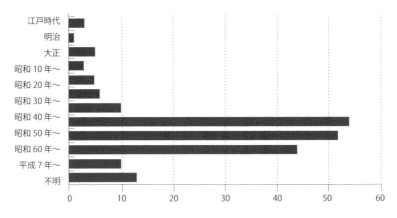

図 5-9　備前焼の窯の築造数（「備前焼振興策」策定委員会による）

5-9)、煙害等の環境的被害が問題視されて、陶工と地域住民に人間関係の軋轢
が生じる。このため、陶友会は煙害対策をおこなったほか、現在では文化的資
産の保存活動やチャリティー展による社会福祉事業への寄付などにも取り組ん
でいる。ここにみられる共同性は、かつてのような上から定義されたものでは
なく水平的関係性からの成立であり、担う主体は陶工だけでなく陶商や陶材業
者など広く利害関係を有する備前焼関係者である。共同性の範域は開放性を備
えており、陶工の地域的な凝集性は低く、共同性の機能としては地域社会に向
けられたものとなる（時岡・菅原，2016）。すなわち、煙害対策や福祉事業、地
域のイベントである「備前焼まつり」への参加などとして現れるといえよう。

7.　伝統的な地域社会における「まちづくりマインド」

　日本の伝統的なムラ社会の土地の所有形態は、「オレの土地」の底に「オレ
達の土地」があるという二重的な性格を持つといわれている（鳥越，1997）。
備前焼の陶土は、農閑期に農家との交渉によって土地を掘り返して獲得するも
のであったため、基本的に陶土自体は農家の土地の資源である。伊部の陶工と
地域住民にも地域から得る資源に対して、「オレ達」という感情が残存してい

るのではないか。そうであるなら、「オレ達の備前焼」という価値観が陶工の間で共有され、組織としては地域社会への扶助機能として発現していると捉えることができる。伝統的地場産業地域の特徴として、当該産業に携わる住民の多少によって地域特性は異なる。まちづくりの課題や方向性は、地域における伝統的地場産業の位置づけ、地域における伝統産業関係従事者の多少によって異なると考えられる。備前焼窯元集積地域においても、備前焼に携わっている住民とそれ以外の住民では、まちづくり活動への期待や取り組み方は異なり、温度差が生じていると考えられるのであり、その解消を図ることが課題となる。

　ところで、伊部のプロジェクトが発足した2009（平成21）年から3年間は、関係者や地域住民を対象とする研修会や勉強会をたびたび開催したが、当初から参加するメンバーが従来の自治会や地域組織の会合に出席するメンバーとは異なっていた。自治会や地域組織では各世帯の代表として家長の立場にある人が出席するため高齢男性がほとんどであるが、まちづくりに関する勉強会や新たな活動に向けての説明会などには家長の次世代にあたる50代〜60代、しかも女性が多く参加していた。従来はそうした次世代あるいは女性が率先して会合に参加することはなかったため、こうした動向も活性化の要因の一つと思われる。

　さらに、このような複数の活動を継続することが、住民の相互理解の糸口になると考えられる。それぞれの活動に参画するメンバーはまったく同じであることは少なく、小さな地域であれば一部に同じメンバーを含むことになる。現代においては、特定のまちづくり活動に住民全員が参加することは難しいが、大規模ではなくても特色あるいくつかの活動を継続していくことを望みたい。そうした人々がつながることで「まちづくりマインド」が共有されていくのではないだろうか。伝統的地場産業へのかかわり方の大小を超えて、地域の将来像やまちづくりの方向性を描く素地となるといえよう。

▶文献

長谷部　弘（2007）．日本の村落共同体－その歴史　鳥越皓之（編）むら社会を研究する

―― フィールドからの発想 ――　農村漁村文化協会

石原武政・西村幸夫 (2010)．まちづくりを学ぶ ―― 地域再生の見取り図 ――　有斐閣

加藤陶九郎 (1972)．原色陶器大辞典　淡交社

桂又三郎 (1976)．明治の備前焼　奥山書店

桂又三郎 (1989)．備前 (日本陶器体系 10)　平凡社

黒田草臣 (2000)．備前焼の魅力探究 ―― 古陶から現代備前まで ――　双葉社

望月信成 (編) (1975)．新修日本繪巻物全集第 11 巻　一遍聖繪　角川書店

日本総合研究所 (2016)．全国の産地 ―― 平成 27 年度産地概況調査結果 ――　日本総合研究所

小原久治 (1996)．地域経済を支える地場産業・産地の振興策　高文堂出版社

佐々木達夫 (1991)．日本史小百科 29　陶磁　近藤出版

田中重好 (2010)．地域から生まれる公共性 ―― 公共性と共同性の交点 ――　ミネルヴァ書房

時岡晴美 (1982)．備前焼作家の主婦における生活行動の構造　日本家政学会家政学雑誌, *33*, 498-504.

時岡晴美 (1991)．生活行動からみた婦人の生活　中嶋明勲・渡辺安男 (編著) 変貌する地域社会の生活と教育　ミネルヴァ書房, pp.207-230.

時岡晴美 (2012)．備前焼窯元集積地域の住民によるまちづくり活動の取り組みについて ―― 伝統的地場産業地域におけるまちづくり活動の課題と将来像 (その 1) ――　日本建築学会四国支部研究報告集, *12*, 103-104.

時岡晴美 (2016)．備前焼窯元集積地域の住民による「灯街道」イベントの発展について ―― 伝統的地場産業地域におけるまちづくり活動の課題と将来像 (その 3) ――　日本建築学会四国支部研究報告集, *16*, 93-94.

時岡晴美・菅原大貴 (2016)．備前焼窯元集積地域における陶工組織の変遷と地域社会 ―― 伝統的地場産業地域におけるまちづくり活動の課題と将来像 (その 2) ――　日本建築学会四国支部研究報告集, *16*, 91-92.

鳥越皓之 (1997)．コモンズの利用権を享受する者　環境社会学研究, *3*, 5-14.

山本雄一 (2005)．備前焼の魅力と技法 ―― 伝統と創造 ――　ふくろう出版

第6章
「まちづくりマインド」醸成のすすめ
──ライフスタイル変容をふまえて可能性を探る

1. 共助のまちづくりが必要

　ライフスタイルの変容を読み解いてくると、これらを背景として共助が必要になっていることは明らかである。また、伝統産業や地域文化を担っている伝統的な地域において、従来の伝統的なライフスタイルが変質する傾向にある中で、今後の共助のあり方について検討する必要があるといえる。こうした地域においてこそ、「地元意識」は根強く存在していると考えられることから、これをキーワードとして「まちづくりマインド」醸成を組み立てることが可能ではないだろうか。

　近年は地球規模の気象変動がもたらす自然災害が全国で頻発しており、その後の復興に際してボランティアによる支援が活発になっている。日常生活においても、少子高齢化や家族構成の変容を背景として、地域やボランティアによる共助が必要になる場面が増えている。災害時や復興のボランティアが全国から集まるケースも多いが、被災直後や長期にわたる復興のための継続性をふまえれば、明らかに地域における日常的な共助が特に重要ではないだろうか。かつて、阪神淡路大震災（1995年）、東日本大震災（2011年）に際して、近隣住民の支援によって命拾いしたというエピソードも数多い。個人化が進む現代社会において、それぞれの地域にどのような共助がありえるのか、課題と可能性を考えることは急務であり、その際にはこれまで社会教育で培ってきた知見の活用を考えたい。また、活動の成果を社会学や心理学の方法を用いて可視化し共有することで、次への展開が明らかになるといえる。

2. 自発的・能動的活動が「まちづくりマインド」を育む

　前章まで住民主体による様々な活動を取り上げてきたが、こうした自発的・能動的な活動が「まちづくりマインド」を醸成していることは明らかである。活動を通して、地域や住民への理解を深め共感する機会となる。活動を始めた理由が「知人に誘われたから」であったとしても、活動する中で他の参加者との新たなつながりができ、地域における関係が再編される。こうした活動が多様に展開されていると広く認知されれば、その地域の評価や印象も変わることになる。

　子どもを犯罪から守るまちづくりを提唱する中村は、まちづくり活動の基本単位であるコミュニティを決める二つのベクトルとして、①空間の認知度、②地域課題の解決力を挙げている（中村，2012）。これら二つは逆方向のベクトルであると捉えており、①では住民自身が「自分たちのまち」と自覚できるかが問われるのであり、そのためにコミュニティは効果的な小さな範囲がよいことになる。逆に②ではコミュニティが大きいほど強い力を発揮できる。これらの調和点として基本的には小学校区が適当と見なしており、学校を地域に開きながら安全を確保する、地域の高齢者等の協力を仰ぐ施策の展開、空き教室等を活用した地域住民の日常的活用が重要と指摘している。これらはまさに本書で明らかにした点と共通するが、第3章で取り上げた地域学校協働活動では二つのベクトルが逆方向ではなく、融合して働いているといえるのではないか。また、コミュニティの範囲としてより大きな中学校区が対象となっている。

　第4章で述べた事例校では、初期に経験した中学生はすでに大学生になっており、筆者の授業でこの活動について学ぶ機会があった。授業後の感想には、「私の中学校では地域のボランティアさんたちが活動してくれていて、これが当たり前のことと思っていたので、先進的取り組みだったと知って驚いた。地域で見守ってくれていたので安心して中学校生活を過ごせていた。将来、私は地元に帰るとはかぎらないが、どこにいてもそこの地域で活動できるようにな

りたいと思う」と記していた。中学生にとってはこの活動を好意的に受け止めていただけでなく「当たり前のこと」と認識しており、将来どこの地域にいても活動したいと思えるほどであったことに注目したい。実際に将来この活動に参加するかは不確定であるとしても、確実に「まちづくりマインド」の種が受け継がれたと捉えたい。

ところで、「まちづくりのマインドは本来市民に備わっている」との指摘がある（福川，2020）。福川は、まちづくり条例と歴史的町並み維持の活動を例に挙げて、「自分の暮らす街が、自分の人生になくてはならないものであると認識することで生まれる。しかし能動的な行動をとらない限り、そのような街を作ることはできない」という。その中で専門家の役割は欠かせないものであり、特に市民のまちづくりのマインドへの想像力を育む必要があるという。実際に地域でおこなわれている自発的・能動的な取り組みに注目することは、活動している人々の中にある「まちづくりマインド」を見出す契機となろう。

3. 拠点を見出だす

第1章で地域への関心が高まっているものの、まちづくり活動への参加は多くない実態を示したが、まちづくり活動が日常生活の中で身近に感じられるようになれば取り組み易いのではないか。そのための工夫として、わかりやすい拠点となるものを地域に置くことが挙げられる。例えば、商店街の空き店舗を利用した「まちづくりセンター」や、コミュニティセンターを地域の集会所とするなど、明確な場所として設置する工夫は今や全国でみられる光景である。また、特定の人や組織を中心にいろいろな取り組みがおこなわれ、それを中心としてさらに多彩な活動がつながっていくケースをみかける。場所ではなく人が拠点となって展開されていると捉えることができるが、これを意図的に拠点として位置づけることで人のつながりが明確になるのではないか。

特定の行事やイベントの際だけでなく日常的に人々が集まるような拠点があれば、必要に応じてそこから活動を展開できる。中核となる人の集まりがあれ

ば、必要に応じて他の組織や新たな人々とつながることができる。また、地域の話題に触れる機会も多くなり、地域の将来像を語る場面も多くなるだろう。それぞれの地域で実情に合った拠点を見出すことが重要である。

4. まちづくり活動の成果の可視化

　これまでの実態調査を通して、まちづくり活動に社会教育の知見を生かすことが必要であると指摘したい。また、こうした成果が可視化できること、成果に触れることで関係者のエンパワーメントにつながることを、主催者や関係者は知ってもらうことが重要であると考える。もちろん、まちづくり活動の成果は多面的に計ることができ、関係者それぞれが実感することも多様にあるが、客観的指標として表すことができれば他者の共感が得られる。

　近年はまちづくり活動の成果として実践事例を示したものを多くみかける。地域の公園や街路などの整備をはじめとして、いわゆるハード面の整備は成果が明らかで効果的であるが、地域の居住者や利用者がどのように認識しているか、地域で描く将来像に合致するものなのかについて検討する必要はないだろうか。このような整備を契機として、まちの将来像を描くこともできよう。まちづくりの主体として、整備された箇所をその後どう運営していくかが問われることになる。

　こうしたハード面の整備にあたってもマンパワーが必要であり、地域のボランティアが活躍しているケースを多くみかける。昨今では、国連が示す国際的な目標であるSDGs（「持続可能な開発のための2030アジェンダ」）が広く認識されたことで、例えば地域への関心が高まったり地域の清掃活動が活発になった事例が報告されている（北村・宇都宮・上野，2021；矢口，2020など）。現代のライフスタイルの特徴をふまえることで、より効果的な実践につながるのではないだろうか。

5. 持続するためのキーワード

　本書では「ソフトのまちづくり」をクローズアップして、人の生活や行為を少し変えることで良好な風景をつくり出すことができると示してきた。これまで様々な活動について調査してきたが、それらは外野からの見方であり、外から見ることで現状把握や課題指摘ができるという面がある。実践者やアドバイザーとして関与してきた取り組みもあるが、俯瞰することで客観的に捉えることができ、さらに何が必要かを示すことができるのではないか。どの活動もけっして順風満帆ではなく、持続することが成果につながるケースもある。そこで、こうした活動が持続するために、気づいた点を挙げてみたい。

・緩やかにつながる

　いろいろな活動について調査研究を進めてきたが、いずれも組織や担当者の出入りが柔軟に設定されていた。こうした緩やかなつながりが活動を継続させるポイントの一つと考えられる。その際に、活動できるときに参加するというコンセプトがメンバーに共有されていることが重要である。責任を持たないのではなく、「できるときにできることを」という進め方によって、逆に参加したときの活動を前向きなものにしている。ただし、しっかりと責任を持つ責任者や代表者が明確に存在していることが必要である。

・支援する・されるの往還

　子どもや高齢者や社会的弱者を支援する取り組みをおこなうとき、そうした人々を助けようと思って活動する。しかし、活動していく過程で彼らから教えられたり助けられたりすることがあると気づく。支援するだけでなく、その行為によって支援されることがある。相手に感謝されることが自分の喜びや生きがいになる。うまくいかなかったことを逆に手伝ってもらって成就することもある。あるいは、支援された経験が、次には支援する活動につながることがある。近年に頻発している自然災害の被災者を支援するボランティアでは、以前の災害で支援してもらった恩返しとして活動するケースは数多い。こうした、

支援する・されるの往還が共助の原点となる。

・子どもが大人の本気を引き出す

　子どもを対象とする活動では、「子どもに教える」「子どもの世話をする」という姿勢が強くなる。無意識のうちに子どもを未熟な対象として捉え、軽い気持ちで接することもある。しかし、子どもの反応が、そうした大人の本気を引き出すことがある。子どもの「自由に遊べる場が欲しい」という声に触発されて大人が動いてプレイパーク設置に至った例や、途絶えていた地域の祭りを復活できないかという高齢者の声に応えたいという中学生を失敗させられないと大人が自治会の境界を越えて協力して実現させた例など、いずれも本気になった大人たちの活動によって予想以上の成果を得たものである。何より、かかわった大人たちに達成感をもたらしている。そうした大人たちの姿を、子どもが身近なところで目にすることが、子どもの社会化や「まちづくりマインド」醸成に貴重な一助となる。

・一人でできること、十人でできること、百人でできること

　活動内容によって必要人数は変わってくる。一人でできることは今すぐに始められる。十人でできることはチームをつくって、百人でできることは他の組織や行政と協働することで取り組む必要がある。一人でできることを実践しているうちに十人のチームとなることもあるだろうが、そうなれば活動内容を十人でできることにシフトするのが望ましい。一人でできることを十人で取り組んでいれば、やがて人数は縮小していく。また、百人を必要とする活動を個人だけで、あるいは個人的な関係性に頼って活動していれば、やがて個人の手に負えなくなって破綻するか規模が縮小していく。地域にはそれぞれすでに多彩な活動組織があるので、関連する組織と協働したり行政の力を借りることを構想する必要がある。

・評価は大事

　第4章で「評価が大事である」と指摘し、第3章では評価を得られないまま縮小した活動もあると述べた。活動する人々は必ずしも評価を求めているわけではないが、評価されることがエンパワーメントになることも確かである。特

に良い評価を得ることは活動の活性化をもたらし、参加者が増える契機になることもある。また、評価されてはじめて課題が明らかになることもある。活動がマンネリ化し低迷したときに得られる評価は特に重要で、どのような評価を得る必要があるのか検討の一助となる。

・活動の総合化・ネットワーク化

すでに地域では多彩な活動が実施されている。防犯・防災活動、環境美化活動、子どもや高齢者対象の活動、見守り活動など。同じメンバーで対応しているケースも多い。これらの活動を統合したりネットワーク化を図る必要があろう。本書で取り上げた活動の協力者も高齢者が多くを占めており、年数の経過とともにさらに高齢化している。もちろん次世代の参加者を増やすことは考えられてきており、若い世代がかかわりやすい工夫も必要である。加えて、活動の合併や共同開催なども考えたい。例えば現在実施している活動の中で、名称や主催者や目的が異なるものの内実としてほぼ同じメンバーが担当しており、参加者もほぼ似通っているものがあると担当者から聞くことがある。企画を主管する省庁が異なったり予算の枠組みが異なるなどの要因で統合が難しく、関係者が気づきながらもそのまま継続することになっている。活動発足の経緯はさておき、現在の実情と課題をふまえて見直すことで、より効果的な開催を検討する必要があろう。

・仕掛ける人は必要

最後に、やはり仕掛ける人は必要であると強調したい。まちづくりに欠かせない人物像として「若者、よそ者、ばか者」と言われるが、この「若者」とは年齢ではなく、積極的に活動を実行できる、常に前向きであることを示している。取り組みを始めるときや、地域の過去や活動の経緯にとらわれず変えていくには相応のパワーが必要となる。自分で実践するだけでなく、周囲の人の説得や交渉も必要となる。加えて、若者の行動は間違ったとしても「若気の至り」として許容される傾向にあり、中高年層では慎重になって取り組めない無謀なことにも若者は着手できるだろうと捉えられている。すなわち、情熱と行動力を指している。「よそ者」は、第三者の視点を表しており、地域の様々な

データを分析し、客観的な情報からその地域の個性、強みや弱点を伝えることが期待される。その地域に住んでいない人は地域の歴史・文化やしがらみにとらわれず、客観的に今の地域を評価できる。地域で生まれ育った人にとっては当然のことが、例えば観光客には新鮮に見えるということはたくさんあり、それに気づくことが重要となる。「ばか者」はいわゆるアイデアを出す人で、ときにはまわりからみると羽目をはずしたようなアイデアや大胆な企画がまちの活性化につながることもある。無責任に壊すのではなく、大胆な企画の背景には地域への思いがある。柔軟な発想力、企画を生み出す思考が求められる。すなわち、日常の常識を超える新しい常識を生み出すことが期待されるのである。

こうした「若者、よそ者、ばか者」と表現されるようなパワーある人、すなわち、仕掛けるエネルギーを有しているのは誰かということだろう。これまで見てきた活動や取り組みのすべてにおいて、仕掛ける人あるいはコーディネートする人の存在があった。仕掛けて活動を続ける人や、仕掛けたあとは適任者に任せる人や、コーディネートして活動を持続させたり発展させたりする人など、様々なキーパーソンに出会ってきた。そうしたキーパーソンが育ってくるプロセスは多様なのだが、活動を継続する中で次のキーパーソンを育てる仕掛けをするという点が共通してみられたことは大変に興味深い。

現在あらゆる分野で「後継者不足」「世代交代が必要」と指摘されている。少子高齢化を背景として、組織や活動の見直しや統合が必要なケースもあるが、「まちや地域のために」と活動するエネルギーが次代へ受け継がれてゆくことが重要であり、今後の可能性は大きいと実感している。

6. ソフトのまちづくりに向けて

「まちづくり」という語は多義的であるが、それは私たちの生活や暮らしの全般にかかわっているからである。暮らしの全般として、地域環境、地域経済、地域社会の三要素に整理でき（石原・西村，2010）、これらは相互に連関し支え合っている。地域環境は、それぞれの地域における自然環境だけでなく、道

路や橋や公園などの都市のインフラ施設、さらには町並みや景観までもが含まれる。これらは長い時間をかけてつくり上げてきたもので、そうした地域環境を前提として日常生活を営んでいる。より豊かな生活を営むための経済活動として、農林水産業、製造業や、そうして生産されたものを運び出し他地域の生産物を運び込む流通などの活動も含まれ、そのうえで、地域の人々との交わりを通して地域社会をつくり上げ、より文化的で豊かな生活を設計しようとしている。日常的な触れ合い、支え合いや助け合い、伝統的な祭りやイベントなどは、私たちが生きがいを持ち、より生き生きと生活していくうえで極めて重要な役割を果たしている。こうした活動が豊かに営まれているほど、暮らしもより豊かなものになると期待できるのである。

　地域にとっては一過性のイベントなどで盛大に燃え上がるよりも、小さくとも多くの地域で継続して盛り上がり、その炎が消えずに続いていくことが大切なのである。例えば子どもたちと高齢者が出会うことで、一方の思いが他方に点火することもあろう。地域の数戸で実施していた活動が増大して地域全体に広がっていくこともあろう。小さな一歩であっても、個々人が実践する主体として踏み出すこと、そしてそれを継続することが重要である。継続が歴史をつくるのであり、歴史はいずれ文化に昇華する。その小さな一歩から、やがて新たな地域の文化が育まれていく。

　現代のライフスタイルをふまえて、主体的に生活を営みたい。そこには「ソフトのまちづくり」が重要な役割を担っていると考える。

▶文献

福川裕一（2020）．〈まちづくりのマインド〉を考える　都市計画, *69*, 90-91.

石原武政・西村幸夫（2010）．まちづくりを学ぶ —— 地域再生の見取り図 ——　有斐閣

北村健二・宇都宮大輔・上野祐介（2021）．里山里海を未来につなぐための地域づくり ——　能登 SDGs ラボの挑戦 ——　ランドスケープ研究, *85*, 112-115.

中村　攻（2012）．子どもたちを犯罪から守るまちづくり —— 考え方と実践 ——　東京・葛飾からのレポート ——　晶文社

矢口芳生（2020）．SDGs 汎用モデルの構築 —— 京都府与謝野町を例に ——　福知山公立大学研究紀要, *4*, 255-298.

第2部

「ソフトのまちづくり」の
課題と可能性

岡田　涼

● 香川大学教育学部

1

「まちづくり」に取り組む人々を支えるもの
──動機づけの理論から考える

「まちづくり」に取り組む人々

　「一生懸命に読むとね、生徒たちが楽しそうに聞いてくれるんです」。これは、学校の読み聞かせボランティアに参加していた方の言葉である。第1部で紹介されていたある学校では、学区内の地域住民による読み聞かせボランティアがあり、夏休みに研修会がおこなわれていた。その研修会の際に、先のような言葉が聞かれた。とてもうれしそうに、そして少し誇らしげに話していたのが印象的であった。

　この地域の方の姿は、本書がめざす「ソフトのまちづくり」の一つの具体であると思う。第1部で述べられたように、「ソフト」という言葉で強調される「まちづくり」とは、「まちや地域が『こうあったらいいな』と共感する将来像に向かう主体的な取り組みや活動の総体」であり（10頁）を自分たちの居場所として、自らより良くしていく作業」（11頁）である。様々な思いを持って、一人ひとりが自分の住む地域での活動に取り組むことが、「ソフトのまちづくり」の中核であるといえる。

　第1部で紹介されていた「まちづくり」の事例は、自分が住む地域に対する思いを持って日々の活動に取り組む人々の姿を想像させるものであった。「まちづくり」と聞くと、都市計画や種々の事業の立ち上げといったことを思い浮かべるかもしれない。しかし、本質はその内側にある。地域学校協働本部にしても、「いんべ100万人プロジェクト」にしても、そういった組織体としての動きとは別に、そこで活動する個々の人々の様子が浮かび上がってくる。地域

に暮らす一人ひとりが、自分の地域や学校あるいはそこに通う子どもたちのことを考えて、真摯に活動に取り組む様子を想像することができるのである。

自己決定理論からみた動機づけ

　日々の「まちづくり」の活動を支えるものは何なのだろうか。なぜ、人々は時間や労力を割いて、ボランティアとして学校に出向いたり、イベントを企画したりするのだろうか。第1部で分析されていたように、その背景には、ライフコースや生活時間の変化といったマクロな要因の影響があるだろう。一方で、よりミクロに個々人の内面に迫っていくとき、人々が日々の「まちづくり」の活動に動機づけられる心理的な過程を理解したくなる。

　ここでは動機づけの理論をもとに考えてみる。人の動機づけを包括的に捉えた心理学理論の一つに自己決定理論（self-determination theory: Ryan & Deci, 2017）がある。この理論では、様々な生活領域での活動に対する動機づけが生じる心理的過程を説明している。特に、人が積極的に活動に取り組むうえで、三つの心理的欲求を重視する。三つの心理的欲求とは、自分自身が行動の起源でありたいという「自律性の欲求」、まわりの環境と効果的にかかわりたいという「有能感の欲求」、他者と肯定的な関係を築きたいという「関係性の欲求」である。

　これらの欲求は人が普遍的に持つものであり、それゆえに人を動機づける要素となる。環境によって三つの心理的欲求が満たされるとき、人は活動に対して積極的に動機づけられる。つまり、「自分のことを自分で決められている」「物事をうまくやれている」「まわりの人とよい関係を築けている」と感じられているとき、人は目の前の活動に対して積極的に取り組むことができるのである。実際、学業や仕事など動機づけの役割が注目される領域で、この三つの心理的欲求の重要性が示されてきた（Niemiec & Ryan, 2009; Van den Broeck, Ferris, Chang, & Rosen, 2016）。それだけでなく、ボランティア活動（Haivas, Hofmans, & Pepermans, 2013; Oostlander, Güntert, & Wehner, 2014）や向社会

的行動（Gagné, 2003）、環境保全活動（Pelletier, 2002）といった社会的な活動領域においても、心理的欲求と動機づけとの関連が示されている。

「まちづくり」の活動を支える動機づけ

　「まちづくり」の活動についてはどうだろうか。ここで一つの調査研究（岡田・時岡・大久保・岡鼻, 2014）を紹介する。第1部で、学校支援地域本部事業に取り組む中学校の事例が紹介されていた。その中学校で、学校支援ボランティアとして学校での活動にかかわっている地域住民に対して、質問紙調査をおこなった。内容は、自分たちが取り組むボランティア活動に対する動機づけと、ボランティア活動をおこなう中で感じる心理的欲求の充足であった。分析の結果、三つの心理的欲求の充足が、学校貢献に対する動機づけとボランティア活動に対する動機づけと関連していた（図1）。つまり、ボランティア活動をおこなう中で、「自分のやりたいことをやれている」「自分の知識や経験を役

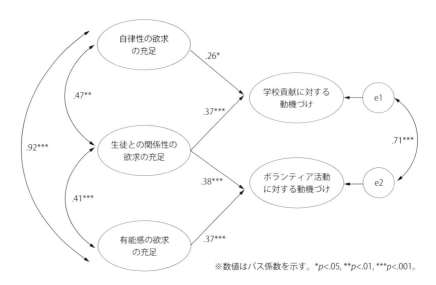

※数値はパス係数を示す。*p<.05, **p<.01, ***p<.001。

図1　学校支援ボランティアにおける心理的欲求の充足と動機づけ（岡田他, 2014 をもとに作成）

立てられている」「生徒と良い関係を築けている」と感じている人ほど、ボランティア活動を通じて学校に貢献したいという動機づけが高かったのである。

　冒頭で紹介したボランティアの方は、読み聞かせという活動に喜びを感じ、積極的に取り組んでいた。こういった積極的な取り組みを支えるものは何か。心理的欲求という視点を通してみると、その心理的な過程を理解することができる。この方は、自分から進んで活動に取り組み、その中で特技を生かして生徒に喜んでもらえるといった経験をしていたのだろう。言い換えると、ボランティア活動に取り組む中で、自律性や有能感、関係性といった欲求がうまく満たされていたのである。そのことが学校に貢献したいという動機づけを促していたのだと考えられる。

一人ひとりが「まちづくり」に取り組み続けるために

　第1部で提唱されていたように、自分が住む地域のことを思って目の前の活動に取り組むことこそが「まちづくり」である。そう考えたときに、一人ひとりが日々の活動に対して、積極的な動機づけを持てることは「まちづくり」にとって不可欠である。

　「まちづくり」にあたる活動に取り組み始めた理由は、おそらく人によって様々である。地域が持つやむにやまれぬ事情から、人に誘われたから、地域に恩返しをしたいからなど、多様なものがあるだろう。そして、活動の具体や実態もそれぞれに異なるのは当然である。

　ただ、どのような活動であっても、個人の動機づけを支えるものがなければ、持続的な活動にはならない。特に、前節で述べたように、三つの心理的欲求にあたる経験ができているかどうかは重要である。「自分のことを自分で決められている」「物事をうまくやれている」「まわりの人と良い関係を築けている」といったことがどこかで感じられなければ、「まちづくり」の活動に対しても持続的に取り組むのは難しいだろう。

　「ソフトのまちづくり」は、「まちづくり」の本来の主役であった地域の人々

に目を向けようという主張であると考えることができる。そこには、「まちづくり」に取り組む一人ひとりの動機づけを理解することも含まれるのではないかと思う。ミクロな視点からは、「まちづくり」の活動に取り組む中で、一人ひとりが三つの心理的欲求にあたる経験をできているのかどうかを考えたい。そこに活動を継続するためのヒントがあるかもしれない。活動に取り組む人々が、自分の意志を反映させることができ、自分の得意なことを生かせられる。そして、活動を通して他の人とつながりを持つことができる。そうした経験を担保できるような「まちづくり」のあり方が、人を中心に据えた「ソフトのまちづくり」なのではないかと思う。

▶文献

Gagné, M.（2003）. The role of autonomy support and autonomy orientation in prosocial behavior engagement. *Motivation and Emotion, 27,* 199-223.

Haivas, S., Hofmans, J., & Pepermans, R.（2013）. Volunteer engagement and intention to quit from a self-determination theory perspective. *Journal of Applied Social Psychology, 43,* 1869-1880.

Niemiec, C. P., & Ryan, R. M.（2009）. Autonomy, competence, and relatedness in the classroom: Applying self-determination theory to educational practice. *Theory and Research in Education, 7,* 133-144.

岡田 涼・時岡晴美・大久保智生・岡鼻千尋（2014）. 学校支援地域本部事業における学校支援ボランティアの動機づけに影響する要因の検討 ── 自己決定理論にもとづく心理的欲求の観点から ── 香川大学教育実践総合研究, *29,* 39-47.

Oostlander, J., Güntert, S. T., & Wehner, T.（2014）. Linking autonomy-supportive leadership to volunteer satisfaction: A self-determination theory perspective. *VOLUNTAS: International Journal of Voluntary and Nonprofit Organizations, 25,* 1368-1387.

Pelletier, L. G.（2002）. A motivational analysis of self-determination for pro-environmental behaviors. In E. L. Deci & R. M. Ryan（Eds.）, *Handbook of self-determination research*（pp. 205-232）. Rochester, NY: University of Rochester.

Ryan, R. M., & Deci, E. L.（2017）. *Self-determination theory: Basic psychological needs in motivation, development, and wellness.* New York: Guilford Press.

Van den Broeck, A., Ferris, D. L., Chang, C. H., & Rosen, C. C.（2016）. A review of self-determination theory's basic psychological needs at work. *Journal of Management, 42,* 1195-1229.

室井研二

● 名古屋大学大学院環境学研究科

❷
〈地域論からのアプローチ〉防災のまちづくり
── 理念と実際

防災法における「共助」

　従来、日本の防災法制は発災直後の緊急対応を主眼とし、行政主導を特徴とするものであった。地域の住民は防災の客体としてしか位置づけられていなかった。しかし、阪神大震災で被災者の多くが行政ではなく近隣によって救助されたことが明らかになり、防災に果たす地域コミュニティの役割がにわかにクローズアップされるようになった。東日本大震災後にはそうしたコミュニティの共助に制度的な位置づけが付与され、地区防災計画制度が制定された。今後発生が予測されている南海トラフ地震の対策においても、コミュニティによる共助がキーワードとされている。

　行政が想定する望ましい共助とはどのようなものなのだろうか。試みに内閣府のホームページ（防災まちづくりポータルサイト）を検索してみると、「防災まちづくり」とは自分のまちのことを知り、日頃から地域のつながりを大切にし、互いに啓発し合い、避難訓練や防災計画の作成に取り組むことのようである。しかしこうした政策理念は、人口の流動化や少子高齢化を背景にコミュニティの衰退がこれまでになく顕著な現実を顧みるなら、白々しく感じることも事実である。

　また、現行の防災法では災害の発生は与件とされ、「どうして災害が発生するのか」は不問に付されている。しかし、災害の発生にはハザード（自然外力）だけでなく、都市化や開発といった平時の土地利用のあり方が大きく関係していることは今や災害研究の常識である（Wisner, Blaikie, Cannon & Davis,

2004)。にもかかわらず、起こってしまった災害に対するコミュニティの緊急対応ばかりを強調することは、災害予防といった観点やこの点に関する国家や企業の責任を曖昧化するおそれがある（Tierney, 2015）。

　このように考えるなら、防災をコミュニティによる共助として捉えるだけでは不十分といえそうである。そもそも災害のリスクが高い地域にどうして人が住んでいるのだろうか。そうした地域で誰が、なぜコミュニティの防災に取り組んでいるのか。高知市を事例に考えてみたい。

開発と災害

　高知市は南海トラフ地震で大きな被害が想定されている地域である。高知市の市街地は浦戸湾の湾奥に位置し、湾口には丘陵地を含む半島（種崎半島）が突き出て防波堤の役割を果たしている。そのため、南海トラフで地震が発生しても津波の浸入は湾口でせき止められ、湾内で威力が減退するため、三陸で起きたような激発型の津波被害は想定されていない。しかし、市街地一帯は低平な0m地帯に位置しているため、一旦津波が陸地部に浸入すると長期にわたって排水困難な状態に陥ってしまう（図1）。

　実際、昭和の南海地震（1946年）が発生した際、堤防が決壊して海水が浸入し、高知市の市街地は最大2カ月間も浸水状態に置かれた。事態を重くみた当時の市長は市街地沿岸部を遊水地を兼ねた農地として再生することを提案する。しかし、戦後復興期に郡部から多くの人々が高知市に流入し、その住宅需要に押されてこの水防地帯造成計画は頓挫した。

図1　浦戸湾の地形（岡村土研HP© Okamura-Doken図31をもとに筆者作成）

戦後、高知市は工業都市としての発展をめざしたが、交通条件に恵まれないため工場誘致に失敗し、沿岸部に工場用地として整備された土地はなし崩し的に宅地化された。高度成長期には国の総合開発計画を背景に、県が大規模な浦戸湾開発事業を推し進めた。それは種崎半島の突端を切り取って湾口を広げ、大型タンカーの就航を可能にするとともに、湾内の3分の1を埋め立てて工業用地や流通基地としての利用を図るという壮大なプロジェクトであった。しかし、工事途中の1970（昭和45）年に高知大水害（台風10号）が発生したことで、この事業は頓挫した。湾口を広げ湾内を埋め立てたことで、沿岸市街地に従来にない大量の海水が浸入し、開発と災害の因果関係が厳しく問われたためである（高知市史編纂委員会，1985）。1990年代に入ると市は都心部の再開発事業に着手し、市街地の遊水地として唯一残されていた湿地帯も宅地化されて、新市街地へと変容を遂げた。

　以上のような開発の結果、高知市では地震・津波にさらされる可能性のある人口は増加の一途を辿った。現在、高知市では南海トラフ地震（想定最大規模）で約10万人が長期浸水状態に置かれると想定されているが、このことは地震規模の想定が上方修正されたことだけでなく、防災の観点に立った土地利用規制よりも開発的土地利用が優先されてきたことによるものでもある。防災まちづくりの前提として、平時のそうした都市計画や開発計画をどう見直すかを考えることが重要である。

被害想定と社会変動

　東日本大震災の規模は従来の想定を大きく上回るものであったため、その反省に立って南海トラフ地震の想定規模も大きく上方修正された。新想定の作成にかかわった審議会の議事録を読むと、地震規模の想定見直しには科学的な根拠だけでなく、そうすることで震災に対する住民の危機感を高め、防災力の向上を図ろうとする政治的な狙いがあったことがうかがえる。しかし地域社会では政府のそうした狙いとは別の動きが起こった。それは、危険な場所から脱出

しようとする人や事業所が多数現れたことである。

　このことは想定津波高が30mと発表された黒潮町などで「震災前過疎」といった表現で注目を集めたが、高知県の一極集中型都市である高知市でも顕在化した。高知市は来るべき巨大地震に備えて市内の事業所に事業継続計画の策定を奨励したが、そのことは皮肉なことに、企業をして現地での防災体制の強化に向かわせるよりは、隣接する南国市の高台工業団地等への移転を促す誘因となった。公共施設も同様である。もともと高知市では沿岸部に商業機能が集積していたが、モータリゼーションの進展に伴って郊外（内陸高台部）に大型ショッピングセンターが進出し、商店街の衰退がささやかれるようになっていた。南海トラフ地震の新想定の発表後、日赤病院や消防署が郊外の大型ショッピングセンター付近に移転したことで、こうした傾向はより顕著なものとなった。

　物的施設配置の変動と並行して、人の居住地移転も起こった。高知市内の人口変動を小地域単位（町丁別）で調べたところ、新想定発表後に急激に人口が増加している地区が散見された。そうした地区は特に上述の郊外大型ショッピングモール付近のエリアで多かった。また、浦戸湾の湾口に位置するいくつかの地区でも入口が急増した。このエリアは海に近く市街地からも遠いが、丘陵地であるため津波からは安全である。交通の不便さから売れ残りが多かった同地の住宅団地が、新想定の発表後、即座に完売した。こうした人の移動は、震災リスクを回避しようとする防災意識に動機づけられたものであり、またそうした移転が実現できるだけの資力を持った人々による移動であったといえる。

　その一方で、そうした移転が制限される状況も生じた。新想定の発表後、高知市内の地価は軒並み下落した。特に、浸水リスクの高い地区の土地は買い手がつかない状況が生まれたという。そのため、災害に脆弱な地区に居住する住民は、被害想定が上方修正されたあとにより強く土地に緊縛されるようになった。来るべき震災に対する人々の備え方は階層的地位の違いによって分化する傾向がみられたといえる。次に、そうした状況下における防災まちづくりの実情を、下知地区を事例にみておきたい。

防災まちづくりにおけるハードとソフト

　下知地区は三方を川と湾に囲まれた職住混在型の市街地である。近世の干拓によって陸地化された脆弱地盤の低平地でもあるため、震災が発生すると液状化が発生し、全域が長期浸水すると想定されている地域である。

　下知は地質、地形的な面だけでなく、災害への社会的対応力に関しても脆弱な地域である。同地には戦後、鉄工や回漕業関係の零細事業所が多数立地し、工業地域として発展を遂げたが、もともと借家層の比率が高く、人口の流動性が激しい地域であった。90年代に入ると既存地区では高齢化が顕著になる一方、都心再開発で北部に新たな市街地が整備されたため、地域のまとまりや住民自治はさらに低下した。筆者が2014（平成26）年に実施したアンケート調査によれば、下知では地域づきあいがまったくない住民が3分の1にのぼり、また町内会に加入していると答えた住民は34.8％にすぎなかった。防災の前提となる住民自治が半ば解体した状況にあるといえる。

　しかし現在、こうした下知で活発な防災まちづくり活動が展開している。活動を牽引しているのは地域の自営業者層である。彼らの生業は地域の顧客との関係に支えられているため、災害の危険が高いからといって簡単に他所へ移転することはできない。さらに新想定の発表後、地価が下落して土地に緊縛されるようになったことで、彼らの間に従来にはなかった運命共同体的な団結が芽生えたといえる。

図2　下知地区（国土地理院地図をもとに筆者作成）

彼らがまず取り組んだのが「外部」との関係づくりである。下知は昭和南海地震や高知大水害の被災地であるが、流動性が高い地域であるため、そうした過去の災害の記憶が必ずしも継承されていない。そのため、阪神大震災や東日本大震災の被災地を視察し、あるいは地元大学の研究者に教えを乞うことで地域の防災や災害リスクに関する理解を深めていった。またそうした外部からの学びをふまえ、地域住民に呼びかけて防災講演会や防災訓練に熱心に取り組んだ。2014（平成26）年には地区防災計画制度のモデル地区に選定され、さらに活動に弾みがついた。既述のように、高知市の市街地は地震津波が発生すると長期浸水することが予測されているため、緊急避難だけでなく中長期的な事前復興を視野に入れた独自の地区防災計画が策定された。防災だけに特化した活動だと長続きしないため、最近では地域や学校の各種行事との連携を意識するようになり、下知地区のコミュニティ防災はまちづくりの様相を帯びるようになった。こうした取り組みは地域防災の先進事例として注目を集め、下知には国内はおろか海外からも視察が訪れるようになった。防災がコミュニティの再生に寄与した側面も評価されるべきである。

　しかし他方で、こうした実践事例を手放しで賞賛することも差し控えるべきだろう。下知の災害脆弱性は度重なる開発によってもたらされたものであるが、コミュニティには土地利用規制に関与する権限は与えられていない。現在、高知県は南海トラフ地震に対する事前復興計画の策定を進めているが、公共土木事業中心の計画で下知地区の事前復興計画とは接点がなく、計画の策定過程において住民参加の機会も用意されていない。それにそもそも下知の防災活動は「やむを得ず」始まったものである。防災リーダーによれば、「われわれは行政から放置されたようなもの。本音を言うと自分も安全な高台に引っ越したかった。それが叶わないから、残された者で協力していくしかなかった」。それはいわば、他所へ移転することが叶わない人々による強いられた共同性であったといえる。

　本稿は決してソフトのまちづくりの重要性を否定するものではないが、こと防災に関するかぎり、それは土地利用計画と連動しなければ効果は少ない。ま

ちづくりにおけるソフトとハードを分離的、対立的に捉えるのではなく、ロー
カルな文脈で両者を組み合わせる工夫が必要であろう。

▶文献

高知市史編纂委員会（1985）. 稿本　高知市史　現代編　高知市

国土地理院　地理院地図　https://maps.gsi.go.jp/#15/33.563730/133.559976/&base=std&ls=std%7Cchiikimesh&disp=11&vs=c1j0h0k0l0u0t0z0r0s0m0f0

岡村土研　高知平野の地盤の沈降と浸水　http://www.cc.kochi-u.ac.jp/~matsuoka/nankai/25kochi.html

Tierney, K. (2015). Resilience and the Neoliberal Project: Discourses, Critiques, Practices and Katrina. *American Behavioral Scientist, 59*, 1327-1342.

Wisner, B., Blaikie, P., Cannon, T., Davis, I. (2004). *At Risk: Natural Hazards, People's Vulnerability and Disasters* (2nd ed.). London and New York: Routledge.

平井美佳

● 横浜市立大学国際教養学部

3

「まちづくりマインド」や「ソフトのまちづくり」における心理学からみた課題

　本書は、時岡晴美先生がこれまで取り組んでこられたご研究を「ソフトのまちづくり」の視点から捉え直したものである。このような企画が可能であるのは、時岡先生の家庭経営学からスタートして建築学や都市計画の研究にかかわるという領域横断・融合的でユニークなご経歴と、活動的で朗らかなそのお人柄のなせる技であろう。本稿では、筆者が第1部を読んで、心理学の視点から考えたことについて論じる。

人間関係の光と影

　本論を読んで、まず、あらためて人間関係の重要性について考えさせられた。人間は社会的な動物である。未熟な状態で生まれるヒトの子どもは、周囲の人による世話を受けて育ち、そして、生涯にわたって他者と支え合いながら生きる。他者は自己を映し出す鏡でもあり、人は他者とのかかわりの中でこそ、自己についての理解を深めることができる。これまでに多くの心理学的研究によって、社会的ネットワークやサポートの重要性が示されてきた。親密で近しい他者はもちろんのこと、状況に応じて頼りにすることができる様々な他者がまわりにいる方が、はるかに適応的であると考えられる。子どもにとっては、家庭の中外において逃げ場となるような、いくつかの居場所としての他者がいる方が安心して暮らせる確率が高くなるだろう。さらに、複数の多様な大人がまわりにいることで、様々な人から見て学ぶことができるだろう。また逆に、子どもも大人も、人に頼られることや人の役に立つことで、生きる喜びを感じ、

幸福感が高まる。よって、地域の人々と日頃からかかわりがあり、いざとなったら頼ったり頼られたりする関係があることの利点は、ほとんど疑う余地がない。

　一方で、ときに「しがらみ」とも呼ばれるように、人間関係には負の側面もある。心理学的支援の場面で語られる人々の悩みの多くは、人間関係にまつわるものである。他者との相互理解や協力はときに難しく、人々を悩ませる。ネット上の関係であれば、「ブロック」すれば済むかもしれないが、家族や地域の人々との関係はそうもいかない。はじめは小さな問題であったことが悪循環を起こし、やがて大きなストレスとなって、心身にダメージを与えることもある。加えて、地域のボランティア活動では個人の「役に立ちたい」「力になりたい」という“善意”が強すぎるために、問題を招く事態になることもある。学習支援の現場で、求められてもいないのに自分の経験や自分流の考えを説教し続ける、ありがた迷惑な大人を想像してみるとよい。すなわち、地域における人間関係は良いことばかりではないはずである。「ソフトのまちづくり」を推進するには、人間関係の利点だけではなく、発生し得る問題とその対処について考えておくことも必要であろう。例えば、相談窓口の設置やキーパーソンの育成を含めた勉強会など、物理的な工夫も可能であろうし、すでに多く試みがなされていると想像する。

「まち」による共助と「ムラ社会」との違い

　近年、ついに単独世帯の数が夫婦と未婚の子どもから成る世帯の割合を上回った（厚生労働省, 2020）。いわゆる「ワンオペ」で「孤育て」中の親、また、「おひとりさま」の老後を過ごす高齢者にとって、地域とのつながりは大きな支えともなりえる。少子高齢化が進み、家族機能が弱体化する現在、「まちづくりマインド」を持った市民主体による地域のつながりが、これからの社会が向かう方向性として有望であることは十分に理解できる。

　このようないわゆる「共助」の強調は、2006（平成18）年に約60年ぶりに

改正された教育基本法に新設された「学校、家庭及び地域住民等の相互の連携協力」（第十三条）の条項とも符号する。この改正では、合わせて「家庭教育」（第十条）の条項も新設され、「父母その他の保護者は、子の教育について第一義的責任を有する」と記された。しかし、穿った見方をすれば、これらの方向性には、家族や地域で何とかしてもらいたいという意図が透けて見えはしないだろうか。家族や地域の「絆」を強くすればそれで良いのだろうか。自助や共助の前に、まず公助ではないか。すなわち、生まれる家庭や地域を選ぶことができない子どもを一人も取り残さずに、その健全で幸せな発達のために必要な環境を整え、守り、育てる責任は、国とその政治にこそあるのではないか。2019（令和元）年末に出現した新型コロナウイルス感染症（COVID-19）の世界的蔓延により一層深刻化する子どもやひとり親家庭の貧困、また、日本のジェンダー格差のからくりを理解すれば、これまで子どもの養育の責任を家族や女性に押しつけてきたことの構造的な問題が見えてくるはずである。

　また、地域のつながりについては、ノスタルジックに美化して語られることも多い。しかし、はたして本当に良いことばかりであっただろうか。少なくとも一部には、社会心理学研究が明らかにしてきたような「内集団びいき」による排他的なムラ社会もあったのではなかったか。加えて、地域のお祭りで座って楽しげにお酒を飲む男性たちの裏には、座る間もなく料理を作って運び続ける女性たちがいたのではないか。個人はようやく、これらの呪縛から自由に生きられるようになったのではなかったのか。

これからの「まちづくり」に必要な知識と教育

　上述の観点から考えると、時岡のいう「ソフトのまちづくり」や「まちづくりマインドの醸成」には、いくつかの前提となる知識や考え方が人々の間で明確に共有されている必要があると考えられる。ここでは、以下の2点に絞って挙げておく。

　第一に、年齢や性別にかかわらず人は平等で自由であり、すべての個人は尊

重されなければならないということが、コミュニティの中で明確化されている必要があろう。この多様な個性を持つ個人が尊重される社会の実現という目標は、言うに易しく行うに難し。単に「多様性」「ダイバーシティ」といった語で誤魔化すことではない。この問題に取り組むことの難しさを共有しつつ、真摯に向き合い、議論し続ける姿勢が重要であろう。心理学研究が明らかにしてきた潜在的な認知のバイアスや同調行動など、人間行動の「癖」についての理解も役に立つかもしれない。また、「まち」に閉じられずに、「まち」から開かれていく必要があると考えられる。団結を強調しすぎることは危険でもあり、自分たちさえ良ければそれで良いというようなムラ社会的な結びつきであっては時代の逆戻りである。他者への想像力を働かせ、その集団の中の多様な他者のみならず、地球の反対側に暮らす未だ見ぬ他者との連携へとつながるような結びつきであってほしい。地域における住民の活動を通して、子どもや若者に、多様な他者を尊重する態度が伝えられていくことが望まれる。

　第二に、リーダーや政治を選ぶ責任はその社会の成員一人ひとりにあるという認識が必要であると考えられる。すなわち、先に「公助」の重要性について述べたが、翻って、その「公」である政治を選ぶ責任は市民にある。自戒も込めて、現在の日本社会にそのような市民意識が十分に育っているとは考えがたい。市民には、他者に思いを馳せ、声を上げ、熟議し、政治を選んでいく責任がある。そのような責任感を持った市民による、より成熟した社会の実現のために必要な教育とはどのようなものだろうか。

　たとえば、筆者らの研究では、大学生を対象に、子どもの貧困についてのTV番組の一部を見てもらい、グループ討議をおこなうというプログラムに3週間連続して参加してもらった。その結果、大学生らの子どもの貧困についての認識が深まり、子どもの貧困を単に「他人事」として捉え、自分と比較するのみではなく、社会の構造に問題があること、さらに、そのような社会の成員である自分にもその責任があると考えるようになった者もいた（平井・長谷川・高橋，2019）。この研究のみでは十分に明らかにならないが、大学生らの認識を深めることができたのは、映像によるリアルで正しい知識の獲得に加え

て、学生同士で討論をした経験がより深い内省をもたらしたのではないかと筆者は考えている。

　学校教育においてはもちろんのこと、家庭や地域においても、さらなる市民教育の工夫が可能であろうし、実は地域こそが、より実践的な市民教育の一端を担う場となりえるのかもしれない。地域の人々がお互いを尊重しながら議論し、合意する点を模索し、信頼関係を育んでいくプロセスでは、ときには意見が分かれ対立したり、人間関係が悪化したりすることもあるかもしれない。大人側も子どもに見られていることを意識して行動すること、子どもは大人が問題にどう対処するかを間近に見て学ぶこと、そして、第4章の中学生のようにときにはそこに子どもや若者も参加していくこと、これらの機会は相乗的に「市民」としての意識を高めるような、良い教育実践の場として機能するのではないだろうか。

　家庭、学校、地域、そして社会全体で、これからの社会の向かう方向についての議論が積極的になされていくことが望まれる。

▶文献

平井美佳・長谷川麻衣・高橋惠子（2019）．「子どもの貧困」についての大学生の認識の深化　── テレビ視聴の効果 ──　発達心理学研究, *30*, 315-328.
厚生労働省（2020）．2019年国民生活基礎調査の概況　https://www.mhlw.go.jp/toukei/saikin/hw/k-tyosa/k-tyosa19/index.html（最終閲覧日2022年2月10日）

加藤弘通

● 北海道大学大学院教育研究院

4

地域が子どもを育てられるのは、
地域が子どもによって育てられているときのみである

　私が時岡先生と仕事をする機会を得たのは、本書の第4章で扱われている学校支援地域本部事業との関連であった。この事業は、地域との関係で、学校で生じる問題を捉え直すものであり、生徒同士の関係性や教師－生徒の関係など学校内に閉じた視点の中で考えがちであった私にとって新鮮であった。と同時に、あらためて「支援するとはどういうことか？」「発達とは何か？」を問い直し、思春期の子どもたちが持つ可能性を再認識するきっかけとなった。どういうことか、以下、発達心理学の視点を手掛かりに、学校支援地域本部事業がどのようにみえたのかを論じていく。

支援するとはどういうことか？

　発達心理学の泰斗E・H・エリクソンが、人が人を育てることに関して述べた有名な言葉に次のようなものがある。

　　赤ちゃんが家族をコントロールし育てるというのは、家族が赤ちゃんをコントロールし育てるのと同じく正しい。家族が赤ちゃんを育てることができるのは、その家族が赤ちゃんによって育てられているときのみである。（エリクソン，2017）

　一般的に、発達や、それを支援するというと、大人が子どもの成長を支えたり、促進したりすることをイメージすることが多い。しかし、エリクソンのこ

の言葉が意味していることは、大人が一方的に子どもを育てるのではなく、それを通して大人自身も変化・成長するような関係が成立するときにはじめて、支援がうまくいっていると考えるということである。つまり、発達や支援というのは、個人的な変化を指すのではなく、集団的な変化を指すものなのである。これを地域と学校との関係で考えるなら、学校が地域に支援され変化するときというのは、地域が学校によって支援され、変化しているときのみであるということになる。これこそが恐らく本書で述べられた「地域学校協働活動への展開」が意味することだろう。例えば、学校支援地域本部事業の発足当初、地域ボランティアの多くに「学校を支援する」という活動だから参加していたという傾向がみられたのが、最終的には6割以上の者が、この活動に「生きがい」を感じるようになったというのは、まさに大人が子どもを支援すると同時に、支援していた大人が子どもによって支援されているという事態を端的に示していると思われる。

　そう考えると、第4章で「地域学校協働活動への展開」と一方向的に図示されていたものは、実は図1のような循環的な関係にあるともいえる。つまり、地域が学校を見守る段階から、地域が学校を支援し、協働することで、地域もまた学校によって支援される段階へと展開し、新たな視点から学校を見守る……、といったような関係性である。このような関係性が成立しているときに、地域と学校が共に育ち合うことができる。つまり、支援とは、どちらか一方が他方に働きかけるだけでなく、双方がかかわり合うことで、双方が変化し合え

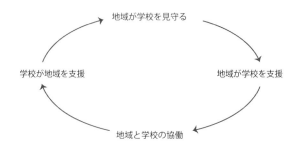

図1　地域学校協働活動の展開

るような関係を形づくることにあるのである。

　実際、支援が機能するところでは、地域にも変化が生じており、新しい大人同士の関係性が構築される。もちろん、公的な組織づくりもそうではあるが、「同じ部会で活動する仲間が増えて心強い」に代表されるボランティア同士の新たな関係構築も支援によって生まれた重要な地域側の変化である。加えて活動を通して、地域の人たちと教師との関係のあり方にも変化が生じている一方で、地域の大人から学校や教師への不満が出たことも注目される点である。というのも、不満が出るということは一見すると、良くないことのように思われる。しかし、別の見方をすれば、訴えれば、何か変化を期待できる相手として、教師・学校が見られるようになっているとも考えられるからである。以前、筆者（加藤・大久保, 2009）がとある荒れた中学校の教頭先生から聴いた話では、荒れが本当に深刻なときには、地域から苦情すら出なくなるそうである。というのも、「どうせ学校にいっても、何もしてくれない」という思いが地域に強くなるからである。したがって、地域から学校に苦情がくるということは、学校が地域から期待されているということであり、学校への信頼が増しているということを意味しているともいえるのである。

思春期の自尊感情を支える場

　もう一つ地域と学校が協働する、あるいは学校が地域を支援する意義を、思春期の自尊感情の発達という視点から考えたい。日本の若者の問題の一つに、自尊感情（「自分自身に満足している」程度）の低さがしばしば指摘される。実際、内閣府が5年に1度おこなっている国際比較調査においても、日本の若者の自尊感情は、他の6カ国（米・英・仏・独・韓・スウェーデン）の若者と比べ顕著に低い（内閣府, 2019）。その一方で、日本の若者には、他国にみられない特徴もある。それは日本の若者の自尊感情には、自分が他の人の役に立つ存在かどうかということが関係しているということである。例えば、表1は、自尊感情が高い上位3カ国と日本の若者の自尊感情の関連要因を調べたもので

表1　自尊感情と関連性の高い要因（加藤，2014）

アメリカ	長所（.50）	主張性（.46）	挑戦心（.43）
イギリス	長所（.55）	挑戦心（.43）	主張性（.42）
フランス	長所（.61）	利那的（.38）	主張性（.34）
日本	長所（.56）	自己有用感（.41）	主張性（.39）

（　）内は相関係数

ある。いずれの国にも共通しているのは、「長所（自分には長所があると感じている）」「主張性（自分の考えをはっきり相手に伝えることができる）」といったものがあり、それが自尊感情の高さと関連している。それに対して、他国の若者にはみられず、日本の若者においてのみみられる関連要因として、自分が役立つ存在かどうかを問う「自己有用感」がある。このことからわかる日本の若者の自尊感情の特徴は、他国の若者の自尊感情が、自分がどういう存在であるかという対自分の次元で完結しているのに対して、日本の若者の自尊感情はそれに加え、自分は他者にとってどういう存在かという対他者の次元からも影響を受けるということである。つまり、日本の若者の場合、単に長所やスキルが身につくといったことだけではなく、他者との協働において、自尊感情が育てられるということである。

　そう考えると、日本の子どもたちの自尊感情を支え・育てたいとするとき重要になるのは、狭い意味での教育を通して何かを身につけさせることだけでなく、彼・彼女らが他者と協働することによって試行錯誤し活躍できる場をいかにして設定するかということになる。このように考えるなら、学校支援地域本部事業はそうした場が豊富に形づくられる活動であったといえるだろう。わかりやすい例としては、地域の人たちが待望していた盆踊りを中学生たちがかかわることで復活させたことが挙げられる。しかし、もっと日常的には、地域ボランティアの人たちが中学生とかかわること自体が、彼・彼女らの「生きがい」になっていたという事実自体も、おそらく中学生の自己有用感を高め、彼女・彼らの自尊感情を支えることになっていたことだろう。

そして、子どもが地域の中で活躍する場を与えられるということは、子ども
の自尊感情を育てる一方で、新たな世代が地域に参加し、地域をつくっている
ということでもある。時岡先生が明らかにした学校支援地域本部事業で起きて
いたこととは、「地域が子どもを育てることで、地域が子どもによって育てら
れている」ということである。それは個人や一つの世代にとどまらない、多世
代にわたるライフサイクルをつなぐ発達であり、それが発達心理学的にみた本
事業の意義であると考えられる。

▶文献

エリクソン, E. H.（2017）．中島由恵（訳）アイデンティティ —— 青年と危機 ——　新曜社
加藤弘通（2014）．自尊感情とその関連要因の比較 —— 日本の青年は自尊感情が低いのか？
　　—— 平成 25 年度 我が国と諸外国の若者の意識に関する調査　内閣府, pp.119-133.
加藤弘通・大久保智生（2009）．学校の荒れの収束過程と生徒指導の変化 —— 二者関係から
　　三者関係に基づく指導へ ——　教育心理学研究, *57*, 466-477.
内閣府（2019）．子供・若者白書（令和元年度版）　日経印刷

川田　学

● 北海道大学大学院教育学研究院

5

子育て支援が直面していること一題

子どもを育てるのは誰か

　小論では、時岡氏の「ソフトのまちづくり」論の接点として、自身のささやかな地域活動と研究活動の往還の意味をふり返ってみたい。私は発達心理学を専門とする研究者である一方、札幌市内の子育て支援 NPO の運営にたずさわったり、支援者や保育者の学習や研修の場に参加することが多い。乳児の発達研究を始めた 1990 年代半ばは、母子関係の枠組みでの研究が当然視されていた最後の頃であったと思う。それから四半世紀を経て、子育てや保育をめぐる状況は大きく変わってきた。ちょうど、労働統計で「共働き世帯」と「専業主婦世帯」（片働き世帯）の割合が逆転したのが 1997 年で、バブル崩壊後の社会の変化を示していた。

　共働き世帯が増えれば、当然のこととして、乳幼児保育のニーズが高まる。しかし、日本国の保育政策のビジョンは日和見で、公的保育の質を高めつつ量的対応をとるのではなく、まず簡便で安上がりな最低限の投資でしのごうとしてきた。ビジョンが日和見なのは、その時々の政争の具となってしまうからであり、「子どもをどこで、だれが、どう育てていくのか」というグランドプランを描けないままきたというのが、ポスト高度経済成長のこの社会の現実であろう。底堅い社会保障のない国では、弱い立場にある人と、その人を守ろうとする人が制度のすき間に落ちていく。それに対して、公的保育ともまた異なる役割としての、「子育て支援」の領域が生み出されてきた。

"へそくり" の原動力

　子育て支援の原型となる活動は、こうした現実を自分事ととらえた当事者の親たちが生み出した「ソフトのまちづくり」であろう。1999 年に刊行された『地域から生まれる支えあいの子育て』の冒頭で、小出まみ氏は次のように記している。

　　子育てを『支援』しなければならないなどと、十年前の日本社会でどれほどの人が思ったことだろう。近年、子育てをめぐる状況や人びとの意識は劇的に変化し始めた。／わが国の子育てが足もとから揺らいでいることが、広く社会の関心を集めるようになってきたのは、一九八〇年前後からだろうか。子育てを支える地域社会の共同性が薄れていく一方で、性別役割分業として母親のみに責任を負わされた孤独な子育てのひずみが現れ始めたのである。（小出，1999，p.3）

　子育て支援は、親たち（多くは母親たちだろう）が "へそくり" を出し合って始めた草の根活動である。地域を歩いて、公園の砂場でポツンと遊ぶ親子がいれば声をかけ、当事者目線で地元の店や小児科などの情報を集めてかわら版をつくり、商店街でベビーカーを押す親に配った。へそくりを出し合って、コンビニのコピー機で印刷した、といったような話をベテランの支援者からきくことが多い。やがて、「つどいのひろば」（ひろば）と呼ばれる、地域の中で親子がふらっと寄れる場が生まれ、現在の地域子育て支援拠点事業として行政からの財政的バックアップが得られるまでに成長してきた。草の根活動に対して、その一般的意義が評価されて補助金などの行政支援が入ることは、「ソフトのまちづくり」において一つの論点ではないかと思う。それは端的に言って、"へそくり" の不安定さから解放される安心と、制度的制約を引き受ける不自由の天秤が揺れるということであろう。

ボランティアとスタッフ

　札幌市内に、長く障がいを持つ子どもとその親への支援活動を続けてきた柴川明子氏が、1995（平成7）年に自宅を提供して開設した「むくどりホーム・ふれあいの会」という場がある。むくどりホームの発足の目的は、「赤ちゃんからお年寄りまで障がいのある人もない人も、共に集い、違いを認め合いつつ交流しましょう」である。1994（平成6）年頃、そうした場をつくることを思案していた柴川氏のところに、公園用地を探していた市が柴川邸前の所有地を候補として打診してきた。その際に、夫が「妻に相談します。妻はあの土地に障がいのある子とない子が一緒に遊ぶ場をつくりたいと、夢のようなことを言っております」と伝えると、市の担当者が「どんなことがしたいのですか。奥さんに会わせてください」となり、障がい児・者や町内会の面々との相談会が持たれ、市内初のバリアフリー公園・藤野むくどり公園が誕生した（柴川，2017）。むくどりホームは、このバリアフリー公園の向かいに、柴川邸を開放してできた地域の居場所である。

　むくどりホームの活動は、ボランティアが支えてきた。この場を利用する人びとが、自ら場をきりもりすることで成り立ってきたことになるが、2011年に札幌市から地域子育て支援拠点事業として指定を受けることになり、補助金を資源に"スタッフ"を雇用する体制に移行した。

　私は2014（平成26）年から2015（平成27）年にかけて、むくどりホームが20周年にちなんでおこなおうとした"むくどりの検証"プロジェクトに伴走する機会を得た。実践を省察するカンファレンスを継続したり、座談会を開くなどの方法により、その成果を『未完のムクドリ：多世代多様な場で起きていること』という報告書にまとめた（川田，2017）。そのカンファレンスの過程では、たびたびむくどりホームの運営におけるスタッフの位置づけについて議論になった。もともとは皆が水平的な参加者であり、その中の役割分担としてボランティアがあったにすぎない。しかし、賃金を支払うスタッフ制ができた

ことにより、〈参加者〉と〈スタッフ〉という区分を意識させられる場面も少なくなくなったという。例えば、カンファレンス時には以下のやりとりがあった（A～Dはスタッフ）。

A：スタッフとして明確に自己紹介しちゃうでしょ。「スタッフのAです」とかって。そうなると、そこにはスタッフと参加者ですっていう線引きが多少あって、やっぱり参加者としてスタッフに求めることはもちろんあって、それは人によって違うけどね。で、こっちもある程度スタッフとしての立ち位置でふるまう。お客さんっぽくしちゃうこともあるよ、それはあえてだよね。ただ何もしなく居るんじゃなくて、ある程度、自分の中で計算された感じで居るじゃない。

B：実はこれはこの事業を受けるときに本当に議論になったの。特に私は、スタッフが居ないということのむくどりのよさをずっと感じていたの。だから、有償スタッフになるっていうときに、そこは本当に議論したんですよね。

C：そういう懸念はされていたんですね。そのときから。

B：他のいろいろなサロンとかを見ても、利用者とスタッフの対立というのは必ずあるから、そこでむくどりの良いところは、ここに来た人がその日のむくどりを作り上げていくんだよっていうのがあったから、それを有償にしちゃうことで何かが壊れてしまうんじゃないかなっていうのはあったのよね。それがいま皆さんの中に気づきとしてあるならすごいなあと思う。

〈中略〉

D：スタッフをやってて一番学んだことが、自分の不確かさだね。学んだよ。私はね。

B：私もそれはある。私は専門職としてしていた仕事にいかに問題があったかということをここにきて気づかされた。だからそういう意味でここは学びの場なのね。

〈中略〉

Ａ：自分の中にある参加者性とスタッフ性が同居していて、だからより不確かなの。

〈中略〉

Ｂ：スタッフになる人を選ぶとき、お願いしたいって基準は、利用者である人にお願いしようってなったの（Ａ：それはいつ？）。拠点事業のときにね。だからそういう意味では、利用者とスタッフっていうのは、対立するわけじゃないけど、立ち位置が少し違うっていうね。だから、その矛盾を抱えてね、そこで今学んでいるわけよ。

"仕事" としての子育て支援

　むくどりホームにおけるスタッフ論議は、サードプレイスとしての地域の居場所を存続させるための、人びとの存在様式の変容というテーマにかかわっている。こうした場の誕生には、その創立者の超人的ともいえる意志と行動力を無視することができない例が多いと思われる。その人物は、本人が好むと好まざるとにかかわらず、超越的シンボルとしての宗教的意味さえ持ちうる。つまり、代替不能な存在様式を備える（これは１人とはかぎらない）。そこに集う参加者は、水平的関係を望むが、場を継続させるためには資金・資源や労力や役割の分担を伴う。活動の月日と深まりの中で、ある段階において、場に対する責任の重さに差が生じてくる。その経緯は様々であろう。むくどりホームの場合、行政からの子育て支援拠点事業の指定が、その契機となったようである。活動は安定するが、新たな矛盾として、かつて〈参加者〉だった〈スタッフ〉には「不確かさ」が生じるようになる。この「不確かさ」は、超越的存在と〈参加者〉には経験されない、役割に固有の新形成物であろう。

　子育て支援の活動は、1980年代に産声を上げたものが多いようだ。まさに、バブル経済のきらびやかな社会の背後で進行していた子育ての受難に応答した活動であった。それらの活動を創り出した世代と、それに共感して活動を発展

させた世代が、そろそろ一線から退かざるをえない時期になってきた。たしかに、自分たちの子育ても楽ではなかったが、多くは"専業主婦"として夫の収入で生活できたという女性たちも多いだろう。しかし、現在は共働きをしなければ生活ができない、見通しが持てない人が多く、補助金があっても不安定で、低い収入のままでは、子育て支援の活動を継承できなくなってきている。私が経営にかかわるNPOでも、世代交代をどのように進めるかが焦眉の課題であるし、同じ悩みがそこかしこの団体からきこえてくる。「ソフトのまちづくり」としての子育て支援の性格を失わず、「仕事」としても成立する仕組みや条件をさぐるのが、目下の実践的かつ理論的課題である。

▶文献

川田　学（編）（2017）．未完のムクドリ ── 多世代多様な場で起きていること ──　子ども発達臨床研究, *10*（特別号）, 1-125.

小出まみ（1999）．地域から生まれる支えあいの子育て ── ふらっと子連れで Drop-in!　ひとなる書房

柴川明子（2017）．むくどりホーム・ふれあいの会の生い立ちといま　子ども発達臨床研究, *10*（特別号）, 3-17.

大久保智生

● 香川大学教育学部

6

まちづくりにおけるコラボレーション

はじめに ── ソフトのまちづくりとコラボレーション

　時岡氏の「ソフトのまちづくり」を読み解くキーワードは協働、すなわちコラボレーションであるといえる。筆者はこれまでに時岡氏とともに地域と学校のコラボレーションや警察と防犯ボランティア、店舗のコラボレーションの推進にかかわってきた。これらは時岡氏の「ソフトのまちづくり」のコンセプトに基づくものであり、これまで時岡氏は「コラボレーション」という用語を用いていないが、ソフトのまちづくりとはまちづくりにおけるコラボレーションの推進として解釈することが可能である。

　筆者が専門としている心理学では、コラボレーションはコミュニティ心理学の分野で論じられることが多い。コミュニティ心理学では、理念として「他の学問や研究者・実践家とコラボレーションすること」（植村，2012）が挙げられていることからも、コンサルテーションとの対比から特別な意味が込められている（久田，印刷中）。こうしたコラボレーションについては様々な捉え方があるが、「複数の専門家や専門機関、時にはボランティアや自助グループのような非専門家集団が一丸となって、心理社会的困難を抱えた一人以上のクライエントやその家族、あるいは組織や地域社会全体を支援するプロセスである」というコミュニティ心理学者の久田（印刷中）の定義を採用したい。つまり、専門家や非専門家が一丸となり、地域社会を支援するという意味では、時岡氏の「ソフトのまちづくり」の理念と非常に近く、「ソフトのまちづくり」のプロセスを読み解くうえでコラボレーションは重要な概念であるといえる。

まちづくりにおけるコラボレーションのメリットは大きく二つ考えられる。一つは行政や専門家だけでなく、様々な地域住民の声が反映されることで、その地域独自の活動が生み出される可能性がある点である。まちづくりに様々な地域住民が参加し、主要な役割を果たし、その地域の強みが発揮されることで、行政や専門家の視点にはない、その地域独自の活動が展開されやすくなるといえる。もう一つは継続していくことで様々な活動を展開しやすくなることである。コラボレーションを続けていくと、お互いに信頼を深めていくことで、様々な新しい取り組みが実現しやすくなる。そのことで、活動の幅が広がっていくため、単一の活動に依存しないより効果的なまちづくりにつながるといえる。

　こうしたコミュニティ心理学における「コラボレーション」の定義やメリットをふまえ、本稿ではコラボレーションのプロセスを開始と継続に分けて、開始と継続、それぞれに必要な体制づくりと仕掛けづくりについて論じていく。さらに、まちづくりにおけるコラボレーションの課題と展望について論じていく。

コラボレーション開始のための体制づくり
―― 強力なリーダーの存在とキーパーソン探し

　コラボレーションの開始ではまず体制づくりが重要になる。体制づくりにおいては、活動の方向性を示す強力なリーダーの存在が不可欠であり、人と人をつなぐキーパーソン探しも不可欠である。「ソフトのまちづくり」においても、まず先頭に立って音頭をとる強力なリーダーがいなければまちづくり活動は開始されず、様々な地域住民を結びつけるキーパーソンがいなければ、活動は開始直後に空中分解しかねない。したがって、体制づくりでは①強力なリーダーの存在と②キーパーソン探しが必要となる。

　①強力なリーダーの存在　新たな取り組みを開始する際、強力な個の力が求められることが多い。特に、地域住民の主体的な参加を促すためには、誰かが先頭に立つ必要がある。開始時には参加する者全員が同意見であることはあり

えないため、様々な意見を持つ者にある程度同じ方向を向いてもらうためには、リーダーによる強力なリーダーシップの発揮が求められる。具体的には、リーダーは明確な目標を提示し、様々な意向をふまえながらうまく調整する能力が求められる。リーダーシップを集団の目標達成を重視するP（Performance）機能（課題達成機能）と集団の人間関係を重視するM（Maintenance）機能（集団維持機能）の二次元で捉えるPM理論（三隅，1984）でいうところのPM型のリーダーシップの発揮が必要とされるのである。

　②キーパーソン探し　体制づくりでは、リーダーだけではなく、様々な地域住民をつなぐキーパーソン（時岡，2011）探しが重要になる。リーダーがすべての人の意見を考慮することは不可能なため、このキーパーソンに求められる役割は人と人とをつなぎ、リーダーの意図を説明することである。このキーパーソンとしては、リーダーと緊密なコミュニケーションがとれ、周囲から認められている人が望ましい。このキーパーソンとなりそうな人を探し、活動の意図を理解してもらい、開始時に参加してもらうことが重要になる。そして、キーパーソンと一緒にコラボレーションを推進していくのである。つまり、「あの人がかかわっているなら自分たちも」と思わせるキーパーソンの存在によって、スムーズにコラボレーションに参加できる体制を整えていくことが重要である。

コラボレーション継続のための仕掛けづくり
── 多様性、関係、成果の可視化

　コラボレーションが継続するための仕掛けづくりとしては、活動の「見える化」、すなわち「可視化」が重要である。活動の可視化においては多様性、関係、成果という三つの可視化（大久保，2021）が特に重要であり、この三つの可視化に基づいた仕掛けづくりが求められる。

　①多様性の可視化　コラボレーションの継続には、コラボレーションする他者が自分とは異なる価値観を持った存在であると理解することが重要である。そのためには、多様性の可視化が必要となる。コラボレーションする相手がど

のような状況にいるのか、どのような考えを思っているのかを知らずに、自分たちのしたいことをただ押し付けるのでは、コラボレーションを継続していくことは難しい。なぜならば、相手がどのような状況にいて、何を考えているのかお互いにわからなくては、信頼できるパートナーとなりえないからである。したがって、まちづくりにおいて、お互いの多様な価値観が見えるようなコミュニケーションがとれるように仕掛けづくりをおこなっていく必要がある。

　②**関係の可視化**　コラボレーションを継続するためには、様々な人とのつながりが外から見えることで、第三者との関係をつくっていくこと（加藤・大久保，2009）も重要である。これは関係の可視化といえる。関係の可視化は、二者関係による多様性の可視化と異なり、三者関係を前提にしており、第三者からの信頼を生むため、コラボレーションしやすい雰囲気が形成されていくのである。「ソフトのまちづくり」では、異なる立場の者たちが一緒に活動している（つながっている）のを見た人は活動に肯定的な態度を形成していくと考えられる。コラボレーションを継続するためには、こうしたつながりが見える仕掛けをつくっていくことが求められる。

　③**成果の可視化**　成果の可視化はモチベーションに直結するため、コラボレーションの継続において重要である。コラボレーションによる活動をおこなっても、まちづくりにどのように貢献しているのかを実感しにくいため、モチベーションの低下を招くことがある。逆に、成果を可視化する機会をつくるだけで、自分たちの活動の成果を実感でき、モチベーションの維持や向上につながる。こうした自分たちが役立っていることを実感できる機会を意図的に仕掛けていく必要がある。特に、小さな変化をどんどん可視化して、発信していくことにより、活動の自信だけでなく、意思統一や課題の共有などにつながるといえる。

おわりに
━━まちづくりにおけるコラボレーションの課題と展望
　最後に、まちづくりにおけるコラボレーションの課題と展望について論じた

い。まちづくりにおいては、コラボレーションする者同士の関係性は重要であり、常にゴールはコラボレーションのプロセスの中で常に変化していくものであり、目先の成果ではなく持続的な成長を考える必要がある。

①**支援する・される関係から対等な関係のパートナーへ**　まちづくりなどにおいて、現在、支援から協働という関係の持ち方が重視されるようになってきたが、多くのケースにおいて支援を協働と言い換えただけともいえる。支援は支援する側と支援される側という関係を生み出し、場合によっては不平等な関係となることもある。例えば、地域と学校の協働において、教師がしたくない作業を地域ボランティアが下請けとしておこなうのが協働と考える勘違いもいまだに多い（大久保，2021）。伝統的な性役割観に基づいた男女の役割の固定化なども含め、誰かの我慢の上に成り立つまちづくりの推進はコラボレーションとはいえない。コラボレーションは Win-Win となる対等な関係を築くことであり、対等な関係のパートナーとなることである。そのためには、地域住民側も認識を変えていく必要があるといえる。

②**ゴールを固定せずにゴールの変化に対応する**　コラボレーションが継続していく中でゴールは変化していくことから、参加者の中で常にゴールを考えていくことが求められる。まちづくりにおけるコラボレーションにおいて、めざすべきゴールを固定してしまうとそのゴールが達成された際、活動が停滞する可能性がある。筆者自身も経験があるが、「ソフトのまちづくり」におけるコラボレーションは活動していく中でゴールが変化していくため、その変化に対応する柔軟性が重要になる。最初のゴールにとらわれずに常にゴールを皆で考えるプロセスこそが重要であり、活動をしていく中で生まれた課題に対して知恵を出し合いながら常に一歩先のゴールを考えていく必要があるといえる。

③**目先の成果から持続的な成長へ**　まちづくりを考える際、10 年、20 年先を見据えたまちづくりにできるかが重要であろう。近年、行政はもとより、どのような組織でも短期的な視点から目先の成果を求めがちであるが、まちづくりは数年盛り上がればよいというものではない。コラボレーションは続いていくことからも、長期的な視点から、新陳代謝を促進しながら、活動自体が成長

していくことが望ましい。その際に、重要なのが後継者を育成していくことである。これは「ソフトのまちづくり」においても、非常に重要な課題である。コラボレーションがうまくいっているときこそ、持続的な成長をめざし、後継者を育成する意識を持つ必要があるといえる。

　本稿では、「ソフトのまちづくり」とはまちづくりにおけるコラボレーションの推進として解釈し、コラボレーションのプロセスを開始と継続に分けて、開始と継続、それぞれに必要な体制づくりと仕掛けづくりについて論じてきた。時岡氏の論考で様々な方向性は示されているものの、まちづくりにおけるコラボレーションに関する課題は山積している。しかし、今後も「ソフトのまちづくり」のように様々なリソースを地域社会に求めるコラボレーションは加速していくことが確実であろう。今後、様々なコラボレーションの形が出てくると考えられるが、正解はないため、それぞれの地域に合ったコラボレーションを模索していく必要があるといえる。

▶文献

久田　満（印刷中）．コラボレーションの基本的考え方　久田　満・丹羽郁夫（編）　関係者支援の理論と実践 —— コンサルテーションとコラボレーション ——　金子書房

加藤弘通・大久保智生（2009）．学校の荒れの収束過程と生徒指導の変化 —— 二者関係から三者関係に基づく指導へ ——　教育心理学研究, *57*, 466-477.

三隅二不二（1984）．リーダーシップ行動の科学（改訂版）有斐閣

大久保智生（2021）．多様性・関係・成果の可視化と学校・地域の変化 —— 三つの可視化を踏まえた活動継続の課題と展望 ——　時岡晴美・大久保智生・岡田　涼・平田俊治（編）　地域と協働する学校 —— 中学校の実践から読み解く思春期の子どもと地域の大人のかかわり ——　福村出版, pp.182-188.

時岡晴美（2011）．「地域の教育力」は衰退したのか —— 学校と地域の協働による「地域の教育力」の顕在化を考える ——　大久保智生・牧　郁子（編）　実践をふりかえるための教育心理学 —— 教育心理にまつわる言説を疑う ——　ナカニシヤ出版, pp.201-216.

植村勝彦（2012）．現代コミュニティ心理学 —— 理論と展開 ——　東京大学出版会

志村結美
● 山梨大学大学院総合研究部教育学域

7

「まちづくりマインド」の醸成における
家庭科教育の可能性

1.「まちづくり」と家庭科教育の関連性

　家庭科教育において、「まちづくり」に関する学習内容は、主に「家族・家庭生活」や「住生活」分野で取り扱われている。しかし昨今、「まちづくり」に関連した学習内容はその重要性を増しており、家庭から地域や社会と学習対象を拡げ、「衣生活」「食生活」「消費・環境」といった分野とも関連した学習が求められている。

　中央教育審議会答申（文部科学省，2016）[1]において、前学習指導要領での家庭科の成果として、「普段の生活や社会に出て役立つ、将来生きていくうえで重要であるなど、児童生徒の学習への関心や有用感が高い」などが挙げられた。一方課題として、「家庭や地域の人々と関わること、家庭での実践や社会に参画することが十分ではないこと」などが挙げられ、児童生徒が家庭、地域、社会とかかわることに課題があると指摘されている。以上をふまえ、空間軸（家庭、地域、社会という空間的な広がり）と時間軸（これまで、現在、これからの生活、生涯を見通した生活）という二つの視点から学校段階に応じた学習対象を明確化することが具体的な改善事項とされた。すなわち、発達段階に即して、家庭、地域、社会という空間軸の広がりを意識した学習内容が求められているのである。

(I) 小・中学校の家庭科学習指導要領における関連性

　2017・2018（平成29・30）年告示の学習指導要領[2]においては、家庭科の目

標や学習内容に、地域や社会に関する文言が多く含まれている。

小学校家庭科の目標には「家族や地域の人々との関わりを考えること」（下線部筆者加筆、以下同様）とあり、少子高齢社会の進展に対応し、家族や地域の人々とよりよくかかわる力を育成するために、幼児や低学年の児童、高齢者など異なる世代の人々とのかかわりに関する内容が新設された。

中学校の技術・家庭科（家庭分野）の目標には「自分と家族、家庭生活と地域との関わりを考え、家族や地域の人々と協働し、よりよい生活の実現に向けて、生活を工夫し創造しようとする実践的な態度を養う」と述べられている。家庭分野で育みたい実践的な態度は、学習によって身につけた力が家庭、地域に生かすことができ、最終的には社会で生き抜く力となるために必要とされているのである。

(2) 高等学校の家庭科家庭科学習指導要領における関連性

高等学校の家庭科の目標には「よりよい社会の構築に向けて、男女が協力して主体的に家庭や地域の生活を創造する資質・能力を次のとおり育成することを目指す」とあり、そのためには「家庭や地域及び社会における生活の中から問題を見いだして課題を設定し、解決策を構想し、実践を評価・改善し、考察したことを根拠に基づいて論理的に表現するなど、生涯を見通して生活の課題を解決する力を養う」と述べられている。また、「様々な人々と協働し、よりよい社会の構築に向けて、地域社会に参画しようとするとともに、自分や家庭、地域の生活を主体的に創造しようとする実践的な態度を養う」の文言では、家庭科の学びを通じてよりよい社会の構築に向けて、主体的に地域社会に参画していくことの重要性が述べられており、人ごとではなく、自分ごととして身近な家庭や地域の問題を解決する態度の育成といった、家庭科の特質に即した学習が求められている。

また、高等学校家庭科の科目である「家庭総合」では、「A 人の一生と家族・家庭及び福祉」において、家族・家庭と社会のかかわり、家族・家庭を取り巻く社会環境の変化や課題について理解するとともに、共生社会の一員とし

ての自覚を持ち、共に支え合うことの重要性を理解し、様々な人とのかかわり方について工夫することが述べられている。

さらに、「B 衣食住の生活の科学と文化」の「(3) 住生活の科学と文化」においては、「主体的に住生活を営むことができるようライフステージと住環境に応じた住居の計画、防災などの安全や環境に配慮した住生活とまちづくり、日本の住文化の継承・創造について考察し、工夫すること」とあり、防災、環境に配慮したまちづくりに向けて、具体的な実践をおこなうことが示されている。

また、「C 持続可能な消費生活・環境」の「(3) 持続可能なライフスタイルと環境」においては、「持続可能な社会へ参画することの意義について理解を深めること」等とあり、持続可能なまちづくりをめざして、環境や消費について考察し、ライフスタイルを工夫することが重要とされている。

家庭や学校における実践的活動である「D ホームプロジェクトと学校家庭クラブ活動」においては、「自己の家庭生活や地域の生活と関連付けて生活上の課題を設定し、解決方法を考え、計画を立てて実践すること」とあり、小・中学校での「生活の課題と実践」等と同様に、家庭科の学びをもとに、個人やグループにおいて、家庭や地域での具体的な実践を積極的におこなうことが求められている。現行の高等学校家庭科の教科書には、具体例として、小学生との食育交流[3]、里帰り出産する姉のための子育て支援ガイドブック作成[4]、地域の特産物の普及交流活動（外郎でつながる輪）[5]等が紹介されている。

以上、家庭科の学びで習得した知識と技能をもとに、家庭、地域、社会に暮らす人との関係性を大切に、身近なことから、主体的に、具体的に、実践的に課題解決をおこなっていく家庭科教育において、「まちづくり」に関連した学習内容を積極的におこなうことにより、「まちづくりマインド」を醸成できると考えられる。

2. 家庭科における「まちづくり」に関連する授業実践

家庭科において、家庭から地域や社会を学習対象とした「まちづくりマイン

ド」を醸成する授業実践は、小・中・高等学校の全校種において多くなされている。家庭から地域、社会、国際社会、環境へと視点を広げたり戻したりしながら、多様な学習内容、学習方法でおこなわれている。

　特にその中でも地域に焦点を当てた授業は多く実践され、①地域の産品を扱った授業、②学校の周辺地域での活動を取り入れた授業、③ボランティアなどの地域の人材活用として、指導者を迎え入れる授業、④地域の人々との交流をめざした授業等が挙げられる[6]。

(1) 地域の産品を扱った授業

　地域の産品を扱った授業としては、伝統的な地域の生活文化に根ざした産品を取り扱っているのが最も典型的であり、その中でも食生活での実践が多い。地域の特産物を食材とした調理実習をおこなう際に、地域のボランティアの方を指導者として迎え入れることも多く、他教科や学校行事との関連を持たせることも多い。しかし、特産物の生産量や郷土料理の由来などの調査にとどまってしまい、自分の生活とどうかかわりを持っているのか検討されていないといった課題があるといわれている。また、「地域のために自分ができることを考えよう」といった地域の課題を把握し、その解決策を考える課題解決型の授業では、児童・生徒の生活実態からかけ離れてしまい、日々営んでいる自らの生活実態との関連を掘り下げていく場がなく、形式的になっている等の課題もみられているとの批判もある。今後は、地域の生産品や伝統品を生活や文化と結びつけ、児童生徒の生活実態と深く関連を持たせた、広がりを持った豊かな教材として活用する学びが求められている。

(2) 学校の周辺地域での活動を取り入れた授業

　まちや商店などの地域での活動、保育園・幼稚園での幼児触れ合い体験、高齢者施設等の訪問、地域の清掃や美化活動の参加、地域やまちを題材とした環境学習、防災学習など、学校から周辺地域へと出かけていき、地域の設備環境等を活用する学習である。実際に出向くことにより、そこで展開されている実

際の生活活動の様相を目の当たりに実感することができる学習であり、積極的に今後もおこなっていく必要がある。

(3) ボランティアなどの地域の人材活用として、指導者を迎え入れる授業

　地域の伝統文化と結びついた授業をおこなう場合には、その技術を身につけた人々を指導者として招くことが多い。伝統文化にかぎらず、生活に関する知識・技術を身につけた地域の専門家をボランティアとして授業に招くことは、指導を通して多様な人々から成り立っている地域社会の生活の営みの理解にもつながっている。具体例として、地域の自治会長をゲストティーチャーとして招いた中学校での「家庭生活・家族」の授業では、中学生は地域に支えられているだけでなく、地域に期待されている存在であることを実感できる学習展開となっている[7]。

(4) 地域の人々との交流を目指した授業

　特別な知識や技術を有する指導者としてではなく、地域で生活する人々の代表として、児童生徒とかかわる学習展開である。例えば、地域の高齢者や乳幼児を学校に招いての交流等が挙げられ、そこに住み活動している実際の人々の生活を知ること、触れ合うことが「まちづくりマインド」の醸成に大きく影響を与えると思われる。

　以上、地域に焦点を当てながら「まちづくり」に関する家庭科の授業実践を検討した。しかし、地域のモノやヒトを媒介にすることだけが地域や「まちづくり」にかかわる学習ではない。地域社会で暮らす児童生徒の生活実態を丁寧に見つめ直していくことこそが地域の学びとなり、「まちづくりマインド」の醸成となり、家庭科の学びの深まりとなるのである。

▶文献

1 文部科学省（2016）．幼稚園、小学校、中学校、高等学校及び特別支援学校の学習指導要領
　等の改善及び必要な方策等について　中央教育審議会答申　2016 年 12 月 21 日

2 文部科学省（2018）．小学校学習指導要領（平成 29 年告示）解説　家庭編　東洋館出版社

　文部科学省（2018）．中学校学習指導要領（平成 29 年告示）解説　技術・家庭編　開隆堂出版

　文部科学省（2019）．高等学校学習指導要領（平成 30 年告示）解説　家庭編　教育図書

3 高等学校家庭科教科書「家庭総合」（2016）．開隆堂　p.253.

4 高等学校家庭科教科書「新家庭総合」（2016）．大修館書店　pp.234-235.

5 高等学校家庭科教科書「新版家庭総合」（2016）．第一学習社　pp.238-239.

6 大竹美登利・日景弥生（編）（2011）．子どもと地域をつなぐ学び ── 家庭科の可能性 ──　東京学芸大学出版会　p.18-22.

7 文部科学省教育課程課（編）（2017）．中等教育資料　実践研究　地域とのつながりを深め、家庭生活をよりよくする学習指導の工夫（山梨県甲府市立富竹中学校）　p.42-45.

寺尾　徹

● 香川大学教育学部

8

讃岐地方の気候とライフスタイル

1.　はじめに

　住民のライフスタイルにマッチした「ソフトのまちづくり」を検討するうえで重要な要素の一つは、地域環境特性の把握であろう。こうした住民のライフスタイルと地域環境特性の両者によって構成される環境を表す概念として、「風土」という日本語を充てることができるかもしれない。人間と自然の関係性が大きく変化した近代においては、風土はすでに克服されたかのような認識が広くみられたように思われる。しかし今、「ソフトのまちづくり」を考慮する背景には、現代的風土の形成戦略の必要性があるのだろう。地域環境特性を把握する重要性があらためて確認される時代を迎えているのではないだろうか。

　地域環境特性は、当該地域の生物地球科学的特性に強く左右される。ここでは、地域の水文気候・地質・土壌・生態が決定的要因としてはたらく。そして、それと補完的に風土の全体を決定するものが住民のライフスタイルに他ならない。もちろん住民のライフスタイルは決して地域環境特性に一方的に規定されるものでなく、地域環境特性自体を変容させ、風土を形成する能動的契機を持つ。地域環境特性の重要な要素である水文気候条件は、生物地球科学的な特性によって制約を受けながらも、人間活動により変容を受けうる。

　本報告では、讃岐地方の地域環境特性を形成する気候条件にかかわる話題の中から、讃岐地方の夕なぎを取り上げる。この地域の夕なぎが全国的にみても特異的に顕著であることを示すとともに、その風土とのかかわりを考える。

2. 讃岐地方の風土と夕なぎ

　ここでは、讃岐地方におけるライフスタイルを考えるうえで重要な大気現象として、讃岐地方の風土の特色であるとされる夏季の耐え難い暑さをもたらす顕著な大気現象である「夕なぎ」を取り上げる。

　夕なぎとは何だろうか。陸域と海域の間には、特に穏やかな晴れた日に、昼夜で風向が交代する局地的な風がみられ、これを「海陸風」と呼ぶ。海陸風は、昼間に比較的涼しい海域から日射に温められる陸域へ、夜間には放射冷却で急激に冷える陸域から冷却が緩やかな海域へと風が吹くことにより大きく風向が交代する。そして昼と夜の間には風が弱まる時間帯があり、これを「なぎ」と呼ぶ。漢字では「凪」と書き、読んで字のごとく、風が止まるさまを示す。特に夕刻の海風から陸風に代わる合間に訪れる風の比較的弱い時間帯があり、これが夕なぎである。

　讃岐地方の夕なぎに関する気象学的な報告としては、日下部（1967）を挙げることができる。日下部は当時高松地方気象台長を務めていた。高松への異動となったおりに讃岐地方の「耐え難い暑さ」に強く印象づけられたようである。高松と広島における8月の5年分の風速の時別観測結果を用いて、特に高松における風速が20時ころから弱まる傾向があること、23時ころからは気温が低下することにより次第にしのぎやすくなること、1966（昭和41）年8月22〜23日にかけての特に典型的な夕なぎの事例を示し、讃岐地方における陸風の発達が弱いことを指摘している。以下、最近のデータを用いてあらためて讃岐地方の夕なぎと暑さについて検討してみよう。

2.1　讃岐の夕なぎの解析

　讃岐地方ははたして夕なぎが顕著で周辺と比べて暑いといえるだろうか。

　讃岐平野の気象庁の地上気象観測点について、風速1m/s以下の出現割合を調べてみた結果を図1に示した。2017（平成29）年から2019（令和元）年の8

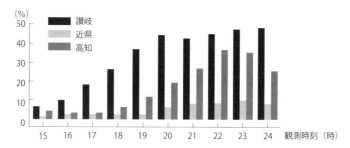

図1　風速が1m/s以下となる割合
2017 ～ 2019 年8月の讃岐地方の4地点（高松・多度津・滝宮・財田）・近県の四つの県庁所在地（徳島・松山・岡山・広島）・高知について、それぞれ、気象庁の地上気象観測点で風速が1m/s以下となる割合（百分率）を、15時から24時まで1時間ごとに棒グラフで示した。

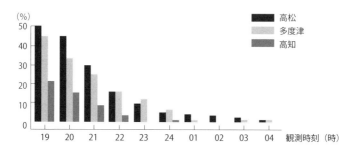

図2　気温が30℃以上となる割合
2017 ～ 2019 年8月の高松・多度津・高知の気象庁の地上気象観測点で気温が30℃以上となる割合（百分率）を、19時から翌4時まで1時間ごとに棒グラフで示した。

月、合計93日間のデータを用いている。香川県内の気象庁の気象観測地点（測候所とアメダス観測点）のうち高松・多度津・滝宮・財田の4地点（図1で「讃岐」と示されているもの）と、香川県近隣の瀬戸内沿岸域の県庁所在地の四つの気象観測地点（徳島・松山・岡山・広島、図1で「近県」と示されているもの）を比較する。讃岐地方は夕刻以降風の弱い日が40 ～ 50％を占めており、瀬戸内海近隣県はほぼ10％にも満たない。讃岐地方の夕なぎが顕著であることは明瞭である。

　ただし、周辺の県所在地の中で高知のみ、瀬戸内地方には及ばないものの、比較的顕著な夕なぎがみられた（図1で「高知」と示されているもの）。そこで、

讃岐地方と高知をあらためて比較するため、図2に讃岐地方の高松及び多度津と、高知について気温30℃以上の出現割合を示した。高松及び多度津の夕刻の気温は、高知と比較してやはり顕著に高いことがわかる。高松と多度津では20時以降、30℃を超える気温が観測される頻度が高知の倍以上みられた。23時になると高知で30℃を超える気温は観測されなくなるが、高松と多度津では10%程度の割合を維持している。

このように、讃岐地方の夕方の時間帯は、他の地域と比較して夕なぎが顕著であるばかりでなく、気温も高くなる頻度が高く、夏季の夕なぎと暑さは顕著なものであることが示された。

2.2 暑さ指数は讃岐地方の夕なぎを表現しているか？

暑さを客観的に検討するため近年よく利用されるようになったものに、「暑さ指数」と呼ばれる暑熱指標がある。この指標は特に、地球温暖化との関係で注目されるようになり、環境省なども重視して普及に努めている。このような暑熱指標は、はたして讃岐地方の夕なぎの「耐えがたい暑さ」を表現しているだろうか。

上記の暑さ指数は、正確には湿球黒体温度（WBGT）と呼ばれており、気温・湿度・風速等の気象観測データから計算することができる。実はさらに近年、国際生気象学会が屋外の熱ストレスを評価する指標として目的意識的に開発と策定を進めてきた Universal Thermal Climate Index（UTCI）という新しい暑熱指標（石井・渡邊, 2021）も用いられ始めている。これら二つの暑熱指標 WBGT と UTCI は讃岐の夕なぎの効果による「耐えがたい暑さ」をどの程度よく表現しているのだろうか。

3年分の8月の20時から23時における高松の二つの暑熱指標を計算して、夕なぎとの関係を検討してみた結果を図3に示す。横軸に風速をとり、縦軸にWBGT と UTCI をとって散布図にしたものである。特に、風速1m/s以下、気温30℃以上を「典型的夕なぎケース」として強調してプロットしている。全体として UTCI（図3b）のほうが風速に強く依存していることが見て取れる。

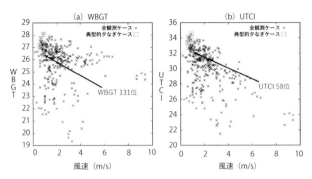

図3 2017〜19年8月の高松の気象庁の地上気象観測点から計算した、20時から23時の毎時における、風速（横軸）と（a）WBGTおよび（b）UTCI（縦軸）の関係を示す散布図。典型的夕なぎケースの場合を強調して示している。典型的ケースのWBGT/UTCI最下位について、全観測ケース（372ケース）のうち第何位にあたるかを記した。

典型的夕なぎケースは、UTCIについてはUTCIの上位58位（全観測372ケース中）までに位置しているのに対して、WBGTでは、上位131になってしまうものも現れている。新しい暑熱指標であるUTCIがより風速の効果を敏感に反映し、夕なぎを表現できていることになる。讃岐地方の夕なぎの表現を目的とするなら、UTCIのほうが優れているといえるだろう。

2.3　うちわから讃岐地方の夕なぎと風土を考える

　讃岐平野には、丸亀うちわという特産品がある。丸亀市のうちわ生産は、日本のシェアの90％を占める。この地域においてうちわが特産となったのは江戸時代にさかのぼり、金毘羅参りの土産物として活用され始めたのがその起源とされている（丸亀高等女学校，1941）。

　一方、「香川県風土記」所収のコラム「備讃瀬戸の濃霧と夏の朝凪・夕凪」（作花，1989）は、夕なぎと関連づけてうちわを語っている。

　　冷房が家庭に普及するまで、さぬきの住民はこの夕凪と長い間付き合ってきた。夕方になると庭先に縁台を出して丸亀産の『団扇』を使って涼をとったり、ドジョウ汁などで熱気を忘れようとしたものである。

金毘羅参りのお土産としてのうちわは、道中で涼をとるのに使われたのだろうか。あるいは夕なぎに子を寝かしつける必要が、讃岐のうちわ制作の切実さを高めたのだろうか。こうした観点で史料を調査することも、讃岐地方の地域環境特性を検討するための興味深い研究対象となりえるのではないだろうか。

3. 讃岐地方の暑さへの協働アプローチ

　讃岐地方の地域環境特性を検討するため、夏季の夕なぎについての解析結果を紹介した。讃岐地方には顕著な夏季の夕なぎがみられることを、気象学的にも示すことができそうである。しかし、気温・湿度・風・放射等の環境の物理的状態により客観的に定められる WBGT と UTCI など異なる暑熱指標の間で、風の弱さによる「暑さ」の表現は異なっていた。「暑さ」は屋外と屋内でも異なるだろうし、建築様式によっても異なるだろう。このような暑さの適切な表現方法を検討するためには、地域の建築様式などにも踏み込んだ検討をする余地が大いにある。

　WBGT や UTCI などの暑熱指数は、気温や風速など、住環境の外部の環境に依拠したパラメータのみで設計されている。しかし、実際には人は風土にも根差し、歴史的にも変遷してきた特定の住環境の下で生活をしている。この環境も考慮に入れた暑熱指数を検討することはできないだろうか。外部の気象条件と関連づけて住居の中の暑熱環境を検討するならば、例えば「夕涼み」の環境や、寝具周辺におけるうちわの効果、室内に効果的に気流を生み出す仕組みの検討なども視野に入ってくる。こうして、風土の形成戦略の文脈において、気象学と地域のライフスタイル研究のコラボの可能性を見出すことができる。

▶文献

石井　仁・渡邊慎一（2021）．UTCI の関係過程と特徴　日本生気象学会雑誌, 57, 107-115.
日下部正雄（1967）．むし暑さの気候（1）—— さぬきの夕なぎ　農業気象, 23, 7-10.
作花典男（1989）．備讃瀬戸の濃霧と夏の朝凪・夕凪　坂口良昭・木原溥幸・市原輝士（編）香川県風土記　旺文社, p.318.
白浜増夫（編）（1941）．団扇の研究　香川県立丸亀高等女学校

三宅岳史

● 香川大学教育学部

9

哲学からみた「まちづくり」の主体育成
──実践知によるアプローチ

　筆者の専門は哲学であるが、所属してきた学部・コースのカリキュラムから、本書第1部で示される意味での「まちづくり」に関連する教育実践に携わってきた。ここではそのような筆者の経験をふまえながら「まちづくり」と哲学の交錯について理論的・実践的な観点から考察を展開したい。

1. 専門家の哲学

　「哲学」というとどのようなイメージがあるだろうか。抽象的、難解……など一般人には近寄りがたいイメージがあるかもしれない。だが、もともと哲学は「物理学」「社会学」のように閉じた専門領域を扱う学問ではなかった。ソクラテスはアテネの市民との対話によって哲学をしていたのだから、哲学は一般市民に開かれた活動であった。しかし、時代が下ると哲学は専門家のものになる。そうなると、哲学とは「知識の体系」であり、「学説を知る」ことが中心になる。その活動は「本を読んでひとりで考え」、「先人と同じ考えに到達する」（河野，2014，p.29）ことがよしとされる。

2. 市民の哲学

　しかし万人に開かれた市民の哲学も消滅したわけではない。そこでは体系というより「哲学は過程」として現れ、知ることより「問うこと」が中心になる。哲学の活動は「いろいろな人と対話」し、「自分独自の哲学を生きる」（前掲書，

p.29）ことが重要になる。実は現在になって市民の哲学の潮流は様々な実践として表舞台に現れている。1990年代のフランスで自然発生して瞬く間に広がった「哲学カフェ」、対話を中心に探求を進める哲学教育である「子どものための哲学（略称P4C）」、さらには「クリティカルシンキング（批判的思考）」や、一部の「応用倫理学」などもそこに含めることができるだろう。

3. 実践知の諸層

　これらの哲学的実践はシティズンシップ教育などとも関連するが、それでは「まちづくり」の担い手（本書で示されるキーパーソンやそのフォロワーなど）育成につなげることは可能だろうか。筆者は「実践知」としてそのいくつかの試みを実施してきた。ここではそれをいくつかの層に分けて解説したい。

　実践知とは、アリストテレスの「フロネーシス（熟慮、賢慮）」に淵源を持つ語であるが、それを上述の様々な新しい哲学的実践を用いて現代化し、市民社会や「まちづくり」の担い手の育成のためにプログラム化したものである。それは、熟慮・反省して現場の問題を捉え直し、そのうえで「より良く生きる」ために価値判断をおこなったうえで、スキルや能力などを使いこなす「知」である。そのためにはまずは実践知の第一の層は論理であり、これは事実や理論を分析・整理する段階で、ここではクリティカルシンキングが用いられる。

　しかし現実社会では、その問題の背後には様々な価値観や倫理観の対立が控えている。論理的分析のあとにくる、第二の層は課題解決であり、価値の対立する問題に対して、当事者同士を含んだ対話をおこない、合意形成をおこなう必要がある。ここでは純粋な論理をはみ出た価値やそれを支える感情までふまえる必要がある。ここで用いられる技法としては、交渉術や合意形成論である。

　この層の背後には、さらに問題発見の層がある。合意形成では利害調整や問題解決の場面が強調されやすいが、問題を主体的に捉えるためには、そもそも一体何が問題の本質か、といったことを自分なりに捉え直すことが重要である。問題発見そのものを自由におこなう技法としては、先に述べた哲学カフェや子

どものための哲学などの哲学対話は有効である。哲学対話では、むしろ問題を解決して性急に思考を閉じることは忌避され、ゆったりとした時間の中で、問題を様々な観点から吟味するプロセスが重視される。それは利害の調整というよりは真理の探求である。「実践知」とはこういった多層的に問題を切り分けて、再統合し、その中で自分たちの思考について何度も捉え直しをおこなうことで、新たな視点を取り入れて価値判断をしていくプロセスである。

4. 実践知と「まちづくり」

　ここまでの段階はシティズンシップ教育とも共通するものであるが、実践知を「まちづくり」の主体育成と関連づけるためには、第四の層への拡張が必要である。この層は地域社会の現場であり、手法はフィールドワークとなる。ここでも問題発見・問題解決は登場し、佐藤（2002）では、フィールドワークで「問い」を構造化する必要が述べられている。

　本書第1部では、まちづくりマインドを育むために学校知と生活知の融合が必要との指摘があるが、構造的にはここでも同様の問題が現れている。哲学的にみると社会の主体（市民）と地域社会の主体（地域住民）の間には単なる包含関係ではなく、緊張関係が存在する。社会や国家では普遍性が志向され、自由や公平性といった規範が重視されるが、例えば公平性をとっても、地縁や血縁などは縁故主義につながるおそれがあり、その主体は特殊な属性を捨象した形式的主体でなくてはならない。それは法律や経済の合理性ともつながっている。しかし、1980年代になるとリベラリズムの想定する合理的主体は、例えば地域伝統から切り離されているとしてコミュニタリアニズムなどから批判されるようになる。それによりシティズンシップ教育に地域ボランティアなどが含まれるようになるなど、その影響は小さくない。

　実はこうした普遍主義に何らかの形で異議申し立てをおこない、ローカルなものや具体的な応答を重視する哲学的潮流は、徳の倫理、ケアの倫理、フェミニズムなどでも共通してみられる。教育学や学校教育も合理的主体の育成を前

提とすることには変わりがなく、学校教育の近代的枠組みからローカルなものがすっぽりと抜け落ちていても不思議ではない。そこには普遍的な原理に基づく人間観（公共圏）とはまた異なった、具体的な他者の声に応答する関係に基づく人間観（親密圏）が見え隠れしている。地域社会は、公共圏と親密圏が入り混じる層であり、公共性を考慮に入れつつ、具体的な文脈を抹消せずに対応せねばならない。フィールドワークによって課題を考えるということは、この種の問題と向き合うことによって実践知を拡張することにほかならない。

5. おわりに

　フィンランドの事例だが、休み時間に子どもを校庭で見ている教員が少なくて誰だかわからないし、トイレが暗いので監視カメラをつけろ、という高圧的で子どもを溺愛する親の要求があったという。それに対し、学校に保護者を招いて課題を話し合い、カメラはつけなかったが照明を明るくし、黄色いベストを着て教員が目立つようにするなどの工夫をした結果、好評で他の学校にもそれが広まった（パッカラ, 2008）。理不尽な親の文句と切り捨てずに、マイナーで個人的に見える要求から公的なニーズを可視化して、社会に同化させるのではなく、社会のあり方を変化させていくことが実践知の目指す「より良く生きる」ということである。そのためには現場の問題に触れることが必要なのである（第1部で述べられていた地域学校協働も同種の先進的実践であると思われる）。そして一つひとつの問題解決は、科学や法則の応用というよりも、アートにも似た創造性が必要となるだろう。

▶文献

河野哲也（2014）.「こども哲学」で対話力と思考力を育てる　河出書房新社

パッカラ, R.（2008）. フィンランドの教育力 —— なぜPISAで学力世界一になったのか —— 学研プラス

佐藤郁哉（2002）. フィールドワークの技法 —— 問いを育てる、仮説をきたえる —— 新曜社

終章
次世代の「ソフトのまちづくり」に向けて

時岡晴美

1. 地域に目を向けよう

　近年、好みの地域に移住するライフスタイルが注目されている。都心から自然景観を求めて地方へ、趣味や娯楽を優先させて海辺へ、伝統的な村落共同体の暮らしを求めて田舎へなど、主体的に選択できる現代社会であるからこそ追い求めた結果であろう。どこで、どのような生活を営むか、ライフスタイルを自ら選択し実現できる現代社会ならではの現象であり、それらの背景には、かつての代々住み継ぐ居住様式や、家族は生活共同体であり親を看取るものという家族観が大きく転換したことが読み取れる。若い世代の自立や子育てを目的とするだけでなく、中高年になってからの移住や全国くまなく旅行して移住先を決めるケースなども増加している。

　瀬戸内海の島しょ部にも移住者が増加しており、学校が再開された島もある。例えば、男木島では休校していた男木小中学校が、2014（平成26）年に3世帯の家族の移住によって再開された。これを契機にその後も移住者が増加し、2019（令和元）年現在は15世帯・39名と島の人口の2割以上が移住者となった（香川県離島統計情報）。島の伝統的なコミュニティのあり方や暮らし方を求めて移住し、島の行事や祭りの際は伝統的なしきたりに沿って役割を担うなど島の一員となる一方、それまでにはなかった私設図書館（男木島図書館）を開設するなど新たな展開をみせている。小中学校や幼稚園が復活し、住民からは子どもの声が島に響くようになったと歓迎されているが、移住者の急増によってコミュニティのあり方は変化してきており課題が顕在化しつつある。移

住者にとっても、もともとの居住者にとっても、これからあらためて地域に目を向ける契機となるのではないか。地域の将来像はどのように描けるのだろうか、それは居住者に共有されるものであるだろうか。

　まずは地域の全体像に目を向けてほしい。本書の第２部で、岡田氏は「ソフトのまちづくり」について「本来の主役であった地域の人々に目を向けようという主張である」とし、「『まちづくり』に取り組む一人ひとりの動機づけを理解することも含まれるのではないか」と指摘する。伝統を受け継ぐもの、新たな展開を図るもの、それぞれの動機に「まち」はどのように映っているだろうか。

　また、室井氏は「まちづくりにおけるハードとソフトを分離的、対立的に捉えるのではなく、ローカルな文脈で両者を組み合わせる工夫が必要」という。先の例に挙げた島の図書館では、まさにハードとソフトの両面からの展開が期待されるところである。

2.　人を育てることができる「地域」

　筆者の研究過程で出会ったキーパーソンのＹ子さん（現在67歳）は、子育て支援活動や民生委員・児童委員の活動や地域ボランティアはじめ、自治会役員や区有森の理事など、まさに地域であるいは地域を超えて30年にわたって多忙に大活躍されている。ときには自分の仕事を調整してまでボランティアに出かける姿に、何がそうさせるのか尋ねたことがある。返ってきたのは「考えたこともない、当然そうするものと思ってやっている、私も地域で育てられたから」であった。Ｙ子さんは結婚して他地域に居住したのち、実家の地域が子育てに適した環境だからとＵターンした。育児と自営業の仕事をしながら、PTA活動から始まり地域の役職やボランティアなど多彩な活動を担当してきた。伝統的な古い価値観で支配された自治会では「女性で初めて」の役割を歴任し、トップにあたる数々の役職も担ってきた。女性だからと信頼されないことや、近代化しようとして猛反対にあったこともあるが、地域を分断しかねな

い道路拡張計画が持ち上がったときには率先して反対運動をした。そうした経緯の中で、Y子さんは地域の高齢者から多くのことを教わり、いろいろな経験をさせてもらったと述べ、「地域でたくさんの人が可愛がってくれた」と評価する。あるときは高齢者から「聞きなれない苗字だと思っていたが、実はあのT家の子だったのか」と言われて態度が和らいだこともあったという。こうした閉鎖性が残る地域においても、今では活躍する女性が増加し、家庭内の役割分担に変化の傾向が表れ、かつての伝統的な価値観にも少しずつ変化の兆しがみられる。最近のY子さんのインタビューでは、「数々の役職を務められたのは、地域に助けてくれる人や協力する人が大勢いたから。今後もこの地域が良くなればと思って、高齢者や子どもたちのために尽力したい」と語る。

　本書の第2部で、平井氏は「排他的なムラ社会的性質、古いジェンダー観による役割分担」などを挙げ、良いことばかりでないしノスタルジックに賞賛するなかれと指摘する。このY子さんの地域もその傾向が強くあり、ときには格闘しながら進めてきたと理解できる。しかし、加藤氏が「地域が子どもを育てられるのは、地域が子どもによって育てられているときのみである」と指摘するとおり、Y子さんの地域においても、地域がY子さんを育てるとともにY子さんが活躍することで地域を変えてきたといえるのではないだろうか。

　地域が「人を育てる」力をたしかに持っていること、ここに着目して地域に関心を持つことは「ソフトのまちづくり」の第一歩といえよう。

3．5年後、10年後を見据えて

　本書ではおもにボランティアに注目して論じてきたが、第2部で川田氏は「『ソフトのまちづくり』としての子育て支援の性格を失わず、『仕事』に」する必要を指摘している。持続的な活動のために、今後に向けてぜひとも検討すべき重要なポイントの一つである。大久保氏が論じる「まちづくりにおけるコラボレーションの推進、開始と継続それぞれに必要な体制づくりと仕掛けづくり」に依拠すれば、より多様な手法による工夫がありえるといえる。さらに、

こうした工夫によって持続可能性を担保すべきと付記したい。

　また、学校の教育課程への位置づけも検討しなくてはならない。志村氏は、家庭科教育における実践的な課題解決について、「家庭、地域、社会に暮らす人との関係性を大切に、身近なことから、主体的に、具体的に」おこなうというアプローチの重要性を指摘したうえで、地域のモノやヒトを媒介にすることだけが地域や「まちづくり」にかかわる学習ではなく、「地域社会で暮らす児童生徒の生活実態を丁寧に見つめ直していくことこそが地域の学びとなり、『まちづくりマインド』の醸成」につながると指摘する。これは三宅氏による「実践知」の論述をふまえれば、「論理的な整理・分析、課題解決、問題発見の層を再統合し、新たな視点を取り入れて価値判断していくプロセス」へバージョンアップすることを示しているのではないだろうか。

　５年後、10年後を見据えて持続可能な対応策を検討し、それぞれの地域から発信することでさらに可能性も広がることを考えたい。現在も各地でまちづくり活動が展開されており、地域を超えたコラボレーションなど新たな取り組みもすでに始まっており、実際に「まちづくりコーディネーター」が活躍している地域もある（リム，2012）。町並み保存活動や、特定の伝統的建造物の維持に奔走する人々や、地域で取り組む事例も紹介されている（三村，1997；中村，2012など）。本書で詳細は触れられなかったが、こうした数々の事例や先人の取り組みを参考にすることで、地域の新たな一面がみえてくるのではないか。

　ところで、活動には栄枯盛衰が伴うのが常である。人々の熱意で活動が始まり、ときには盛り上がって活動が拡大したり、ときには参加者が減少し縮小したりする。特に課題解決型のまちづくり活動では、課題が解決されれば活動の方向性を見失う。しかし、それでも活動を継続することを考えてもらいたい。参加者が一時的に減少したり活動が縮小したりすることがあっても、活動内容や時期などに工夫を重ねながら継続していくことが大事だと思う。これまでに参加者や主催者自身が楽しむ活動へ転換したケースに出会ったことがあり、住民や地域の変容によって新たな問題が持ち上がるケースもあって、何か課題が生じた際にはこれらがまちづくり拠点となる。いざというときに頼れる拠点が

地域にあることは非常に心強いものである。

4. さらに先へと歩むあなたへ

　ここであらためて「まちづくりって何?」と問いかけたい。それぞれのまちや地域に答えがある。その歩みの第一歩として、「ソフトのまちづくり」をイメージできるだろうか。

　本書で描こうとしたこのモザイク画は、まだいくつもピースが足りず未完成である。筆者らは現代のライフスタイルの特徴をふまえ、それを背景として今後のまちづくりの可能性を提示して「まちづくりマインド」醸成に資するとの思いから取り組んできた。この構想の真の具現化にはあまりに広範な知見と実証が必要であり短時日で叶うものではないが、ここに多くの可能性を示せたのではないだろうか。

　第2部で寺尾氏は、「地域環境特性は、当該地域の生物地球科学的特性に強く左右されるもので、補完的に風土の全体を決定するものが住民のライフスタイルである」と指摘する。これは現代社会のあり方やライフスタイルの捉え方に一石を投じるものであり、地域の将来像を描くとき、人間の生活を考えるとき、地域環境特性との相互作用で形成されてきた風土に目を向ける必要があるといえよう。

　生活者主体の現代社会において、それぞれのライフスタイルは自らの選択によるものであり、だからこそ自己責任が問われると捉えられている。しかし、近代から現代へとつながってきた経済発展と、それを支えてきた開発や環境破壊はこれ以上看過できないところにきている。人と自然と社会のつながりを問い直すことは喫緊の課題であり、この先へと続く時代をどのようにつくるのか生活者自身にも問いかけられている。まずは、まちや地域に関心を持つことから始めたい。そして現状を見て課題を知ること、具体的な対応策を考えることから将来像を描くことへ展開したい。

　本書にかかわってくださった方々、これまでの実践研究に協力してくださっ

たすべての方々に心から感謝するとともに、今後のさらなる進展を託したいと
思う。

▶文献

香川県離島統計情報　https://www.pref.kagawa.lg.jp/chiiki/seto-island/statistics.html（最終
　閲覧日 2022 年 1 月 20 日）
リム　ボン（2012）．歴史都市・京都の超再生 ── 町家が蠢く、環境・人権・平和のための
　都市政策 ──　日本評論社
三村浩史（1997）．地域再生の都市計画　学芸出版社
中村　攻（2012）．子どもたちを犯罪から守るまちづくり ── 考え方と実践－東京・葛飾か
　らのレポート ──　晶文社

時岡先生の退職に寄せて

　本書は時岡氏の提唱する「ソフトのまちづくり」について、現代のライフコース、ライフスタイルの変容をふまえ、まちづくりマインドの醸成、まちづくりの事例について論じた学術書であり、時岡氏を中心に編集した前作『地域と協働する学校』（福村出版，2021）の続編とも位置づけられる。『地域と協働する学校』での試みを踏襲したことで、多角的に「ソフトのまちづくり」や「まちづくりマインド」の醸成について検討することができたのではないかと思う。その一方で本書は時岡氏の退職記念本でもあり、学際性を重視した時岡氏らしく、様々な分野の研究者に第2部の執筆をご快諾いただいた。第2部の執筆者は時岡氏と一緒に仕事をしてきた面々であり、時岡氏から影響を受けた面々でもある。こうした執筆陣が快く原稿を引き受けてくれたことに時岡氏の人柄が表れているといえよう。そして、ある意味、第2部は時岡氏からのバトンをどう受け取り、どうつないでいくかという時岡氏へのアンサーでもあるといえる。

　非常に個人的な話だが、私にとって香川大学に来て一番良かったことは「時岡氏と出会えたこと」と言っても過言ではない。この本を企画したくらいでは恩返しにならないくらい、公私にわたってお世話になった。当時、20代で大学に就職したての生意気な私を対等に扱い、いつも的確なアドバイスをいただいた。仕事面では、地域連携の視点や関係機関とのかかわり方、研究のフィードバックの仕方、研究費の取り方にとどまらず、研究者としての姿勢、大学人としての振る舞いなど多くのことを時岡氏からは学ばせていただいた。私生活では、私だけでなく、妻の悩みまで親身に相談にのっていただいた。何か私がまずいことをしたときの妻の口癖は「時岡先生に言うわよ」である。そのくらい、時岡氏は私や私の家族にとって大きな存在であるといえる。私の香川での16年間で最も影響を受けたことは間違いなく、今、おこなっている仕事や私生活のほとんどに時岡氏のアドバイスは生きている。岡田氏も同様であると思

われるが、今後は時岡氏のアドバイスを糧に様々なことに取り組むことで少しずつご恩を返していきたいと思う。

　最後になるが、これまでの時岡氏の功績を称え、心から感謝の意を表したい。

第2部執筆者を代表して

大久保智生

あとがき

　本書は、香川大学教育学部の同僚である大久保智生氏、岡田涼氏が、筆者の定年退職を機に発案してくれたもので、昨年の共編著『地域と協働する学校』（福村出版）に続く著作となった。第1部に主要テーマを記述し、それを受けて第2部ではこれまで筆者とかかわりのあった方々に多彩な専門研究をふまえてそれぞれのアプローチで論じていただいた。この形式は前作に倣ったもので、ありがたいことに個性的な顔ぶれが功を奏し、宝石を組み込んだモザイク画のような本として仕上がったように思う。

　さりながら、少年老い易く学成り難し。説明不足や曖昧な表現なども含まれているが、ご容赦いただき真意を汲み取っていただくようお願いしたい。「ソフトのまちづくり」「まちづくりマインド」醸成、これらを一つに組み合わせる構想の重要性にあらためて気づかされたが、未だ途上にあることをますます痛感している。読後に本書から何かを得てそれを実行する、そうした経験をする人が一人でも多く現れてほしい。

　思えば、家政学原論、家庭経営学から出発し、家庭科教育、生活社会学から都市計画学へと歩んできたが、当初から生活を総合的に捉えて解読したいというこだわりを持ちライフワークとして続けてきた。専門が深まらず雑学的でしかないが、それでも境界領域や総合領域が重要という思いは信念かもしれない。近年の科学において、論文成果の速さの競争が激化し、些少でも最先端の知見を求めるありように、それを認めつつも、人間の生活全体を捉える目を失ってはならないと強く思う。現代の生活変容は加速度的で、新規のモノ・コト・情報に追われて日々が過ぎゆくが、今ここに私たちが生きていること、生活していることをときに実感し、より良い将来を思い描くことを忘れないでほしい。本書がその一助となれば幸いである。

　筆者にはじめて学問の深淵とその面白さを教えてくれたのは、元お茶の水女子大学・故田辺義一教授と、当時の富田守助教授（現名誉教授）である。人間

の生活について講じる田辺先生の厳しく温かく澄んだ眼差しが学問の魅力を伝え、この先生のようになりたいと家政学原論講座に所属した。学問論の語らいは楽しく、研究室での「ワインの会」や学会の寄り道旅行では、人間と生活と人生について論争し、生活を学問の対象として捉える重要性を学んだ。

「まちづくり」との出会いは、1992（平成4）年に内地留学として京都大学工学部の三村浩史教授（現名誉教授）が受け入れてくださったことに始まる。京老舗調査を契機に町並みの美しさに気づき、歴史的都心地区や伝統的町並み保存の問題に取り組む中でまちづくりの重要性を実感した。内地留学期間の修了後も、海外の歴史的都心地区視察に同行して、イタリア、ドイツ、ベルギー、フランス、タイなど数えきれない収穫と学びの溢れる楽しい経験となった。フランスの新都心視察の際、三村先生が「こうした最近の建物群を見ると100年後どうなるのかと考えてしまう。歴史的建造物群と比べて、現代の我々は何をしてきたのかと思います」と呟かれたことが忘れられない。100年後のまちや生活を見据えること、長期的な視野を持つことが重要と衝撃的に学んだ瞬間だった。三村先生には本書の構想にもご指導を仰ぎ、ユーモア交えて熱くご教示いただき大量の資料も拝借した。長きにわたるご鞭撻とご心配くださっていることに感謝申しあげる。

香川大学には1988（昭和63）年12月から勤務し、実に多くの先輩方や後輩たちと時間を共有し、現在まで途切れることのない大学改革を経験してきた。教育学部だからこそ多彩な学問領域の方々に出会い、専門領域の違いから生じる思考経路の相違に気づき、さらに学部を超えて多様な考え方に接し、長時間労働下にも楽しい時間を過ごせたことはありがたく感謝している。

また、研究活動の中で実施してきた調査では、岡山県備前市立備前中学校はじめ多くの方々にお世話になった。特に、いんべ100万人プロジェクト委員会、備前焼陶友会、一陽窯の関係諸氏は香川大学教育学部人間環境教育コースの調査実習や合宿研修にもご協力いただいた。各位に心より感謝申しあげる。

さて、本書の刊行は、編者である大久保氏、岡田氏の尽力の賜物であり、内輪ながらここに深謝の意を表したい。10年以上も共同研究と称しつつ実践の

場に同行し、調査を重ねてもらった。それに見合うだけの成果が得られたのか心許なく申し訳ないが、それでもたびたびの打合せはエンパワーメントされる貴重な時間であった。本書の構想や内容検討にも力を借りたからこそ、私自身の総括ができ、誠にありがたく思っている。願わくば、彼らにとっても今後の何事かに役立つものとなれば幸甚である。また、この個性的な本の第2部に寄稿していただいた諸氏に、あらためて感謝するとともに今後ますますの発展と活躍を期待したい。各位の研究成果を背景として示唆に富む指摘や興味深い記述に溢れ、送られてきた原稿を高揚感とともに読んで元気をいただいた。研究分野が余り馴染みのない方には無理をお願いして心苦しい反面、第1部の内容に賛同し寄り添ってくれた論展開に敬服している。大学教員は研究者・教育者であるとともに、昨今は特に大学経営等の業務も要請される。職人のごとく研究に励みたいものの学務に追われてストレス満載の日々が続く。執筆者各位の活躍も家族の協力あってのこと、この場を借りてご家族はじめすべての関係の方々に感謝申しあげる。筆者をこれまで支えてくれた家族にも感謝している。

　結びに、福村出版の宮下基幸氏には本書の企画段階から編者の思いを汲み取っていただき、的確な助言やコメントを頂戴した。執筆が遅れてご迷惑をおかけした中でも、寛容に臨機応変に対応してくださったおかげで完成に至ったと思う。深甚の謝意を申しあげたい。

　なお、本書の出版にあたって、香川大学教育学部学術基金より出版助成をいただいた。ここに記して謝意を表する。

2022年3月吉日
高松の変わりゆく町並みの片隅にて
時岡晴美

編者紹介

時岡晴美（ときおかはるみ）
香川大学教育学部教授
専門：生活経営学・生活社会学
主な著作：『地域と協働する学校 —— 中学校の実践から読み解く思春期の子どもと地域の大人のかかわり』（福村出版，2021），「備前焼窯元集積地域の住民によるまちづくり活動の取り組みについて —— 伝統的地場産業地域におけるまちづくり活動の課題と将来像（その1）」（日本建築学会四国支部研究報告集，2012），『歴史環境を考える —— 人間・生活・地域』（美巧社，2004），『生活シミュラークルへの展開 —— 現代の生活経済学総論』（同文書院，1996），「歴史的都心地区における中小事業所立地の継承性 —— 京老舗の営業と居住の動向から」（日本建築学会計画系論文報告集，1993），『変貌する地域社会の生活と教育』（ミネルヴァ書房，1991），『講座　人間生活学Ⅰ　人間と生活』（垣内出版，1988）など。

大久保智生（おおくぼともお）
香川大学教育学部准教授
専門：教育心理学・犯罪心理学
主な著作：『地域と協働する学校 —— 中学校の実践から読み解く思春期の子どもと地域の大人のかかわり』（福村出版，2021），『教師として考えつづけるための教育心理学 —— 多角的な視点から学校の現実を考える』（ナカニシヤ出版，2018），『パーソナリティ心理学ハンドブック』（福村出版，2013），『万引き防止対策に関する調査と社会的実践 —— 社会で取り組む万引き防止』（ナカニシヤ出版，2013），『実践をふりかえるための教育心理学 —— 教育心理にまつわる言説を疑う』（ナカニシヤ出版，2011），『青年の学校適応に関する研究 —— 関係論的アプローチによる検討』（ナカニシヤ出版，2010），『小学生の生活とこころの発達』（福村出版，2009）など。

岡田　涼（おかだりょう）
香川大学教育学部准教授
専門：教育心理学
主な著作：『子どもと大人の主体的・自律的な学びを支える実践 —— 教師・指導者のための自己調整学習』（福村出版，2021），『地域と協働する学校 —— 中学校の実践から読み解く思春期の子どもと地域の大人のかかわり』（福村出版，2021），『自己調整学習の多様な展開 —— バリー・ジマーマンへのオマージュ』（共訳，福村出版，2019），『実践的メタ分析入門 —— 戦略的・包括的理解のために』（ナカニシヤ出版，2018），『自ら学び考える子どもを育てる教育の方法と技術』（北大路書房，2016），『友だちとのかかわりを促すモチベーション —— 自律的動機づけからみた友人関係』（北大路書房，2013），『パーソナリティ心理学ハンドブック』（福村出版，2013）など。

著者紹介（五十音順）

加藤弘通（かとうひろみち）
北海道大学大学院教育学研究院准教授
専門：発達心理学
主な著作：『心理学概論 —— 歴史・基礎・応用』（ミネルヴァ書房，2020）、『子どもの発達が気になったらはじめに読む発達心理・発達相談の本』（ナツメ社，2019）、『問題行動と学校の荒れ』（ナカニシヤ出版，2007）など。

川田　学（かわたまなぶ）
北海道大学大学院教育学研究院附属子ども発達臨床研究センター准教授
専門：発達心理学・保育学
主な著作：『保育的発達論のはじまり —— 個人を尊重しつつ、「つながり」を育むいとなみへ』（ひとなる書房，2019）、『乳児期における自己発達の原基的機制 —— 客体的自己の起源と三項関係の蝶番効果』（ナカニシヤ出版，2014）など。

志村結美（しむらゆみ）
山梨大学大学院総合研究部教育学域教授
専門：家庭科教育学
主な著作：『未来の生活をつくる —— 家庭科で育む生活リテラシー』（明治図書出版，2019）、『やさしい家政学原論』（建帛社，2018）、『家族生活の支援 —— 理論と実践』（建帛社，2014）など。

寺尾　徹（てらおとおる）
香川大学教育学部教授
専門：気象学・気候学
主な著作：『理科教育をとらえ直す —— 教員養成「教科内容構成」の実践に基づいて』（本の泉社，2019）、『豪雨災害と自治体 —— 防災・減災を考える』（自治体研究社，2019）など。

平井美佳（ひらいみか）
横浜市立大学国際教養学部准教授
専門：発達心理学・臨床心理学
主な著作：「乳幼児の父親におけるパンデミックによる働き方の変化と家庭と仕事への影響」（心理学研究，2021）、「「子どもの貧困」についての大学生の認識の深化 —— テレビ視聴の効果」（発達心理学研究，2019）、『自己‐他者間の葛藤における調整 —— "個人主義・集団主義"概念の再検討』（風間書房，2006）など。

三宅岳史（みやけたけし）

香川大学教育学部教授

専門：哲学・科学史

主な著作：『現代フランス哲学入門』（ミネルヴァ書房，2020）、『ベルクソン哲学と科学との対話』（京都大学学術出版会，2012）など。

室井研二（むろいけんじ）

名古屋大学大学院環境学研究科准教授

専門：地域社会学・災害社会学

主な著作：『いまを生きるための社会学』（丸善出版，2021）、『防災と支援 —— 成熟した市民社会に向けて』（有斐閣，2019）、『都市化と災害 —— とある集中豪雨災害の社会学的モノグラフ』（大学教育出版，2011）など。

地域・学校の協働が醸成する「まちづくりマインド」
——多様化する現代社会における〈ソフトのまちづくり〉の展望

2022 年 3 月 15 日　初版第 1 刷発行

編著者　時 岡 晴 美
　　　　大 久 保 智 生
　　　　岡 田　　涼
発行者　宮 下 基 幸
発行所　福村出版株式会社
〒113-0034　東京都文京区湯島 2-14-11
　　　　　　電話　03-5812-9702　FAX　03-5812-9705
　　　　　　https://www.fukumura.co.jp
印　刷　株式会社文化カラー印刷
製　本　協栄製本株式会社

福村出版◆好評図書

時岡晴美・大久保智生・岡田 涼・平田俊治 編著
地域と協働する学校
●中学校の実践から読み解く思春期の子どもと地域の大人のかかわり
◎2,600円　　　ISBN978-4-571-10193-9　C3037

「荒れた」中学校を地域と協働して変えた元中学校長の実践とその成果，意義や課題を心理，教育の専門家が解説。

中谷素之・岡田 涼・犬塚美輪 編著
子どもと大人の 主体的・自律的な学びを支える実践
●教師・指導者のための自己調整学習
◎2,800円　　　ISBN978-4-571-22060-9　C3011

学校教育，スポーツ，医学教育など多様な現場で行われている自己調整学習の研究・実践の具体像を示す。

H.ベンベヌティ・T.J.クリアリィ・A.キトサンタス 編／中谷素之 監訳
自己調整学習の多様な展開
●バリー・ジマーマンへのオマージュ
◎9,000円　　　ISBN978-4-571-22058-6　C3011

バリー・J.ジマーマンによる自己調整学習理論のさまざまな領域における展開と今後の可能性について検証する。

小山望・勅使河原隆行・内城喜貴 監修／一般社団法人日本共生社会推進協会 編
これからの「共生社会」を考える
●多様性を受容するインクルーシブな社会づくり
◎2,700円　　　ISBN978-4-571-41066-6　C3036

多様性を受容し，誰も排除されないインクルーシブな「共生社会」をめぐる現状・考え方を紹介する一冊。

D.M.フェッターマン・S.J.カフタリアン・A.ワンダースマン 編著／衣笠一茂 監訳
コミュニティの社会活動における エンパワメント評価
●福祉，教育，医療，心理に関する「参加と協働」の実践知
◎5,000円　　　ISBN978-4-571-41065-9　C3036

米国ほか各地で行われた地域活動の報告を通じて，地域力を引き出すエンパワメント評価の方法論をまとめる。

岡本 健 編著
コンテンツツーリズム研究〔増補改訂版〕
●アニメ・マンガ・ゲームと観光・文化・社会
◎2,400円　　　ISBN978-4-571-41062-8　C3036

アニメ聖地巡礼に代表される観光行動，コンテンツツーリズムを幅広く学べるテキスト。新規事例を多数収録。

北川聡子・小野善郎 編
子育ての村ができた！ 発達支援，家族支援，共に生きるために
●向き合って，寄り添って，むぎのこ37年の軌跡
◎1,800円　　　ISBN978-4-571-42075-7　C3036

障害や困り感のある子どもと家族をどう支えるのか。むぎのこ式子育て支援の実践からこれからの福祉を考える。

◎価格は本体価格です。